JN320546

「気」の精神分析

佐々木孝次

せりか書房

「気」の精神分析

目次

はじめに

「気」によって人の心の動きや状態を伝える日本語の慣用句をみると、その表現がこれほど広く、豊かなのに、どうしてそこから人の心についての一般法則が引き出せないのか、そんな思いをずっと抱いてきた。その表現の一つ一つが、あたかも人の心の動きや状態を、目の前の風景を生き生きと描写するかのようにうまく伝えているので、かえって一般化するのが難しいとみるのもうなずける。しかし、その広く、豊かな表現をとおして、心にかかわる「気」に共通する意味を探り、それから「気」によって、心の動きを一般的に論述することはできないだろうかと思いつづけてきた。ところが、「気の精神分析」と言うと、「えっ、気なんて、精神分析できるのですか」、「気を精神分析して、何が分かるのですか」、いくども、そういう不信を交えた疑いの答えを耳にしてきた。

そこで、いくぶん仕返しのつもりで、それでは、その「精神分析する」と「分かる」を、「気」

でつなげるとどうなるかね、と自問すると、すぐに答えの一例が心に浮かんでくる。人は話を聞いたり、本を読んだりして、「分かったような気にさせてもらいたい」と思う。それに対して、話す人や書く人は「分かったような気にする」のが、その人の要求に応えることだと思う。だいたいが、そうである。しかし、精神分析の立場からは、そういう対応をしない。「分かったような気にさせて」と言われて、「分かったような気にしよう」とするのは、その人が言葉の罠にかかっているのである。だから、「分かったような気にさせて」と言われて、「分かったような気にしよう」とするのは、精神分析することにならない。といっても、人が訴えている何かについては、できるところまでは言葉によって考えていかなくてはならない。それは、精神分析の仕事である。「気」については、どうだろうか。

人は、たくさんの「気」の用法から、何でもよい、例えば「気が向く」「気に障る」「気を抜く」などと言い、それによって心の動きが分かった気になる。しかし、「気」はもともと中国から伝えられた文字で、第一章でふれるように、その意味は古代からのさまざまな説明によって知ることができる。本書では、そのなかから、とくに精神分析の基本概念とされる欲動との関連で、今日エネルギーと呼ばれている面に目を向ける。そのことについては第二章でとりあげ、「気」を用いた日本語の表現のなかにそういう面が反映されているのに注目したい。

漢字に詳しい研究者のなかには、「気」は日本語で、もとの中国より日常的に多用され、日本人はその言葉に頼って言語生活をしていると言う人がいる。たしかに、「気」は日常語として、日本語のなかに広く、深く根を下ろしている。とくに、人の心の動きや状態を伝える慣用句では、なくてはならない要素として、表現全体のなかに溶け込んでいる。本書では、外来語の「気」が、その音読みされた音声と文字によって、そのまま日常の日本語になった事情について考えるつもりである。一方で、日本語には「気」とともに、「こころ」という古くからの言葉がある。それには「心」のほかに、いくつかの漢字があてられたが、「気」と「心」は、むろん意味が違うから、日本語になった「気」と「心」にもそれが反映している。しかし、どちらを使っても意味が変わらないような慣用的な表現もある。

二つの言葉は、意味の違いはあっても、文のなかで共通の機能をはたしている。言いかえると、日常的な表現における共通の役割をはたしている。どちらも、述語としての慣用的な表現のなかに、その構成要素として組み込まれている。そして、述語は、全体として心の動きや状態を、あたかもある風景を描き出しているかのように表現されている。描かれているのは、いわばある心象風景であり、どちらの言葉も、そのための欠かせない要素になっている。本書では、とくにそのことに目を向け、一般に風景を言葉によって語ろうとする文を写生文と呼び、そこに使われる単語を具体語と言う。それに対して、精神分析のように、言葉で一般法則を語ろうとする文を論述文と呼び、そこに使われる用語を観念語と言う。

写生文と具体語、論述文と観念語は、本書では二つをそれぞれセットのように見なしているが、その使用法と区別は、あくまで便宜的である。早い話が、「心」は、だれもそれとして見たことはないので、観念語とされてもあまり抵抗はないと思うが、「気」は、目には見えないが、宇宙のいたるところにあって、最近では科学の対象にもなるとされているので、じっさいにそれとしてあるとも考えられるから、はっきりどちらとも言えない。つまり、具体語とされる面を残したまま、例えば、「気一元論」とか「理気二元論」と呼ばれるような理論の論述文を作る用語として、観念語の役目をはたしている。

西欧人は、人の精神活動の性質を感覚的と知的の二つに分けたが、そのことは、われわれにも了解できる。ここでは、言葉とそれに対応するものが感覚的に結ばれるとき、その言葉を具体語と見なし、知的に結ばれるとき、それを観念語と見なす。しかし、ここでそのように分類するのも、やはり便宜的である。具体語が感覚的であるというのは、言葉とそれに対応するものとの関係が、知覚によって確かめられるということである。公園で小鳥を見て、それを「雀」と言うとき、知覚によって心のなかに生まれた姿と、それに対応する言葉とは、まったく違った二つの領域で起こる現象である。人は知覚によって、ただちに何かがあると思うことはできるだろう。しかし、そのことは、それを「雀」と言うことと何の関係もない。二つは次元の異なる出来事である。ところが、「雀」という具体語が、まるで魔法のように、心のなかの姿と言葉とを結びつける。本書では、その姿をずっと表象と呼ぶが、ときに観念と呼ぶことがある。

具体語と心のなかの姿が結ばれるのは、人がそこに何か共通したものがあると思うからである。雀を見ても、人はそこに雀一般を見るわけではない。一般とは、すべての雀に共通する何かで、雀そのもの、あるいは雀自体と言ってもよい。それは目に見える雀ではないにもかかわらず、人はそこにいる雀を「鳩」とは言わずに、そのわけを聞くと、鳩と雀は「見れば分かる」と言う。しかし、そこにはすでに目の前の雀を、雀そのものと結びつける心の動きが働いているのである。それによって「鳩」ではなく、そこに「雀」に共通する何かがあると思っているのである。

この事情は、観念語の場合、少し異なる。言葉とそれに対応するものを結びつけるのは、心の感覚的な働きと言うよりも、知的な働きであると言っておこう。なぜなら、観念語には、ふつう知覚で確かめられるような対応関係がないからである。そこに働くのは、感覚とはへだたりのある、人の知力や理解力である。ところが、言葉とそれに対応するものの関係をもう少し考えてみると、そういう区別もあやしくなる。雀という具体語に対応する何かとして心のなかに生まれるのは、何かの姿であり、あくまで外見であるが、人はそこに雀に共通する何かがあると思いこみ、それを雀の実質と言ってもよい。観念語にも、それに対応する何かが心のなかに生まれる。それは目の前にあって、「見れば分かる」というものではないが、やはり具体語の実質のように対応する何かであり、それを別の言葉で、観念語に対応するものの内容、観念、意味などと言える。そして、人がその対応する何かがあると思うのは、具体語の場合と変わらない。そこで、「自由」の観念と同じように、「雀」の観念と言うことも、もちろんできる。

そのように、どちらの言葉にも、それに対応する何かがあるという思いは共通しているにもかかわらず、本書では具体語と観念語を区別し、それぞれによって作られる写生文と論述文を区別する。二つの文は、おそらく共通する素材である言葉と言語活動についてさらに考えるなら、一つの事柄になるだろう。しかし、その当面の便宜的な区別は、常軌を逸しているとは思わない。というのも、観念語によって日本語の論述文を作る人は、ただ論述を追うだけで、それに無関心だったり、拒んだりするのは、一体どういうことなのかを言えなかった。とりわけ、人の心の動きや状態について、論述文によってそれを一般化しようとしたり、法則化しようとすれば、そとの世界や現実の事物との生き生きとした接触から遠ざかってしまうという意見について、何も言えなかった。一方、具体語で写生文を作る人は、ひたすら情景を描写して、そのようすを表現する。そこに風景と交感することや、生命の本当の姿が求められているとは、よく耳にする意見である。しかし、それを言葉にしているというのは、どういうことなのか。それについては何も言えなかった。つまり、感覚によって心に浮かんだ想念にしか関心のない人は、それを表現する言葉とその人とはどういう関係にあるのか。それについては何も言えなかった。ちなみに、感覚による想念ばかりで生きている動物たちは、何も語ってくれないのに、人が語るのはどうしてだろう。二つの文を区別するのも、そういう疑念をずっと抱いてきたからである。

　日本語では、抽象的な観念語に対する不信が広く行きわたっている。例えば、気と心を話題にすると、論述文によって人の心の仕組みや動きを一般化してしまったら、身もふたもなくなり、そんなことはできるはずがないという顔をされる。気も心も、慣用的な表現のなかに溶け込んでいるからこそ、日本語として広く使われているのだ、と。しかし、日本語の論述文によって、ある観念語の意味がけっして説明できないということはありえない。言語形式が変わると、意味がまったく分からなくなってしまうような言葉は、はじめから観念語としての内容がないのである。だから、そこには観念語としての意味が説明できないのではなく、説明したくない、あるいはするまいという気持ちが働いているのである。

たしかに、日本語で論述文の材料となる観念語は、少し極端にいえば、すべて漢字か、漢字にされた翻訳語でできている。そこで、観念語の意味は、まず漢字の表意性を手がかりにして探らざるをえない。しかし、それがたとえ西欧語からの翻訳語であっても、もとの論述文に照らせば理解することができ、その内容は日本語で知識になるだろう。だが、日本語の観念語の特徴と難しさもそこにある。たしかに、その内容は翻訳された論述文によって結局は分かるはずなのだが、翻訳語としての漢字が、それにふれた人の心のなかに感覚的な姿として個別に残るのである。すなわち、翻訳語が、はじめの感覚的な出会いの効果から離れにくいという面で、それは観念語としては中途半端に表象されたまま、いつまでも見かけの姿として、心に残り続ける。言いかえると、論述文のなかで感覚から離れ、ほかの翻訳語との知的な、あるいは推理的なつながりによって意味の効果を生みにくいのである。言葉とそれに対応する何かを感覚的に結びつける力は、通常、具体語の方がはるかに強いとみられる。漢字になった観念語は、当然それに対応する何かはまったく不明なのに、あたかも文字として具体語のように感覚的な効果をもち続ける。それでも、往々、人は感覚と推理のあいだで観念語が分かった気になるか、分かったふりをする。しかし、その分かり方は中途半端で、観念語を使う人たちのあいだで、やがて見抜かれてしまう。

そんなところに、日本語の観念語と論述文に対する不信の一端があると思われる。

写生文の材料になる具体語は、それが漢字で表記されても、観念語のような分かりにくさはないが、別の難しさがある。「雀」という言葉からは、その姿を心に浮かべて、対応する何かをただちに理解することができる。しかし、そのことはかえって「雀」が言葉であるのを忘れさせて、その言葉で心に浮かんだ姿から、そのままそれに対応するものが、そとにあるのだと思い込ませる。そこに感覚的な具体語の落とし穴があって、その思い込みを疑いもせずに語ろうとするのが、写生文の押しつけがましさであり、もの足りなさである。

「気」と欲動は、どちらにもエネルギーという、ものを動かす力という性質があるとされている。しかし、「気」は、日本語で心の動きを描写する写生文の材料として使われるのに対して、欲動は、具体的な情景から離れた観念語として使われる。精神分析の叙述は、すべてが心の動きの一般的な観念を確かめようとする論述文で作られている。フロイトは、症例をいくつか公表し、そこでは具体語がたくさん使われている。だが、それらは抽象的な理論を正当化したり、確かなものにするための材料で、その趣旨は描写することではなく、あくまでも一般的な法則を語ろうとするところにある。

同じエネルギーという性質をもちながら、「気」と欲動では、その働きに違いがある。「気」

にとってエネルギーは、いわばそれとして自体的にあり、「気」はエネルギーとひとつになって、宇宙の森羅万象に働く。しかし、欲動にとってエネルギーは、それ自体としてはありえない。欲動は、エネルギーと一致することはなく、いわばそれ自体のなかに否定性をかかえている。つまり、フロイトの欲動は、エネルギーとしてのそれ自体を否定して、人の心のなかで事物の表象(Sachvorstellung)と言葉の表象(wortvorstellung)に姿を変える。「気」が、それ自体としてあり、万物を支配する何かであるのに対して、欲動は、そとのものを支配する何かではなく、心のなかでさまざまなイメージに変わり、それらを結びつける機能として働くのである。

人は、言葉によって語る。「気」も欲動も、人が語る言葉である。しかし、人が語るものと語られる何かは、別々のものである。言葉とそれに対応する何かのあいだには、いつも人が介入している。人はそこに介入して、両者の関係をつかむ、すなわち言葉を理解する。「雀」は、感覚的な具体語として、いわば無媒介的に理解され、同時に落とし穴がそこにあると言った。「気」についてみると、それは目で見て分かる何かではないが、それ自体としてあるということから、やはり無媒介的に理解されるか、理解されるべきものとしてある。ただし、「雀」のような姿としてではなく、「気」という文字から、それは直接的に分かるのである。「気」が、日本語の慣用的な表現のなかに広く生かされているのも、それを知らせてくれる証拠の一つである。言葉は、日常でくり返し使われているうちに、それのあるのが事物のあるのと混同されてくる。とくに漢字のような文字そのものに表意性のある言葉は、文字が個別的に事物となって、それに対応するものが、あたかも個々にあるように思われてくる。表意性をもった文字が事物のように与えられる漢字には、言葉と人の関係を考えるのに、見すごせない難しさがある。

それ自体としてある「気」は、宇宙に遍在し、森羅万象を生みだしているが、たんに宇宙を支配しているわけではない。とくに、人の身体を構成し、同時に人の心の動きを支配するさいに、それは人から支配されるものでもある。言いかえると、人がそれを意に沿って扱い、操作するものでもある。「気」が人を支配するとともに、支配されるものでもあるということを、本書では、「気が狂う」と「気をつかう」という表現から考えることにする。「気が狂う」は、神経症や精神病のような近代の翻訳語に近づけることができるが、日本語では、「あの人は精神病者だ」と言うより「あの人は気が狂っている」と言う方が身近である。そういう、人が「気」によって狂うのだという表現を、心の病の本質を言いあてたとして注目する専門家もいる。その場合、「気」は、根本において人の心の動きを支配するものであるが、また、人はそれをうまく扱うことによって、苦しみを和らげることもできる。「気を使う」は、人がはじめからそんな「気」を操り、働かせることによって、ある目的を実現しようとすることである。その表現は、「気」の使用法の歴史研究に先鞭をつけた中井正一が、日本人の自我の形成に照らしたことで知られている。本書では、西欧語の文法構造に根をもち、近代になって強調された自我の概念を、人が「気」を支配する日本語の表現のなかに認めようとする試みに近づけて検討する。

「気」は、人の身体と心のなかに働いているだけでなく、人と人のあいだにも働いている。万物を構成する「気」にとって、たんなる無としての空間はない。それは、自然と社会のいたるところに満ちている。日本語では、人の集まるところに充満している「気」を、よく「空気」と表現する。それは、古代中国伝来の「気」とは、意味が少し違う。国語辞典では、それを「地球の表面を包む大気の下層部分を更生する無色透明の混合気体である」と、最初に説明している。しかし、同時に、それは「人の集まるある場所や環境にただよう雰囲気」でもある。本書では、「空気」も「雰囲気」も、「気」の一形態としてとらえ、やはりそれぞれにおける「気」と、それに対応するものとの関係について考える。

人が言葉で語るときは、言葉で語られるものと、それに対応するものとのあいだに人が介入している。だから、人が語る言葉と、言葉によって語られるものとは、人自身のなかで分離する。だが、人が何かを語ろうとするとき、人の感覚は、ただちにそのことを認めようとしない。むしろ、ある言葉を感覚によって聞きとると、その言葉に対応するものが、そのとおりにあると思ってしまう。自分が語るときも、それは変わらない。自分の言葉に対応するものが、そのとおりにあるという相手の思いが、相手から伝わるのである。人が長いあいだ集まる同じ場所で、それは一つの言語習慣になる。「気」や「空気」について考えるとき、それらの漢字が書かれた言葉として、それに対応するものが、そのままあるように思われるのを、感覚的に受け入れる。その背景にある精神的な基盤を、あらかはじめ、本書ではアニミズムと呼んでいる。それもまた、非常にぞんざいな呼び方であるのは承知している。しかし、例えば宗教現象としてのアニミズムと密接な「霊」あるいは「霊魂」という言葉をとってみると、それらはそのまま、それ自体としてあり、働いているものである。

日本語には、そういうものを表わす翻訳語として、実体という漢字がある。それはギリシア語の「ある（エイナイ）」という動詞の現在分詞からきた名詞のウーシアで、その意味は、ヨーロッパ語で、現在まで変遷を経ている。それでは、「ある（存在）」と「である（繋辞）」を一語で表わす言葉がない日本語では、実体の意味が分からないかというと、まったくそうではない。あらゆる現象の背後に、それ自体としてあり、それ自体が活力としてある実体は、中国語でも日本語でも、完全に理解が可能だと言えるだろう。だから、問題なのは実体の意味というより、その意味を担った「霊」や「霊魂」などの言葉と、それについて語る人との関係が、それぞれの国語のなかでどのように考えられているのかであろう。精神分析の立場からは、言葉より以前に実体はないと考えられるだろう。言葉にぴったり対応するような、それ自体はないということである。しかし、その立場は、それ自体としてあるものをけっして無視しない。人が何かを語ることと、言葉がそれ自体としてあるものを語っていると思うこととは、切り離せないからである。

人が語るのは、いつも個々の事柄であって、いちどにすべてを語ることはできない。しかし、個々の事柄や、その背後にある何かが言葉と一つになって、その何かが個々の事柄となって実現しているかにみえる心の状態を、そのまま受け入れやすい国語の環境は、確かにあると考える。そういう環境を、アニミズムの背景と呼ぶのである。第六章でふれる「空気」は、「気」と同じように、もちろん「霊」ではないし、宗教現象における信仰対象ではない。しかし、「気」と「霊」は、まったく関係がないわけでもない。文字のなかった頃の日本語で「タマ」と言ったものに、「霊」という漢字があてられて、「レイ」と音読みされることになったが、その漢字は日本語になっても抽象的な霊力を表わす観念語であった。しかし、「タマ」は、目に見えるものと結ばれなくては日本語として役目をはたせなかった。そこで、「玉」という漢字によって具体語である一面を表わしたのである。つまり、日本語で「霊」と「玉」の語源は同じである。そのように、観念語と具体語の意味が一つの単語のなかで結ばれている言語の環境に、アニミズムの背景を認めるのであるが、「霊」と「玉」は、漢字によって分けられてからも、その分離を支えているのは、音声によってそれを語る人の知的な働きではなく、表現のなかに使われている漢字という、文字そのものの姿形なのである。

「気」は、もとの中国語においても、具象と抽象の分離がはっきりしない。あるいは、具象は抽象に、そのままつながっている。精神分析は、人が自分を言葉に託し、言葉が事物それ自体から離れているのを、言葉によって論述しようとする。アニミズムは、その手前にあって、言葉が事物それ自体であるという想像に身を任せる現象を指している。その言葉に、具体語と観念語の区別はない。区別は、言葉によって、言葉の働きを探ろうとする、その仕方の違いから生まれる。また、手前にあるというのは、遅れているとか、劣っているとかではない。人の心の働きの、想像するという根本に依拠することであり、人が時代や場所に関係なしに生みだしている現象である。日本語では、人のそとに万遍なく漂う「気」が、「空気」となって、人と人の社会関係を規制する表現に用いられていることから、その背景を、とくにアニミズムと言ってみたいのである。

フロイトは、人の心の動きを個人として研究するのと、集団をとおしてするのとでは、そこにはっきりした境界はないと書いた。それを少し敷衍すると、「空気」となった「気」

をとおして、人の心の動きを探っていけるのではないか。ただし、日本語の「空気」は、もとはオランダ語で、「気」に比べれば、つい最近の翻訳語でしかなく、慣用的な常套句も見つからない。もともと、その翻訳語の意味は、中国から伝えられた「気」ではなく、はるかに限定された自然現象を指しているのだが、明治時代以降、しだいに日本語として定着するようになると、やがて人と人とのあいだで活動し、お互いの行動に影響を与える何かを指すようになった。しかし、「空気」という翻訳語によって、はじめてその何かが人と人のあいだに生まれたわけではない。そこには、人の行動に影響を与える力が、以前から働いていたのである。

「空気」は、人々の相互関係を規制するすでにあった社会的な力を表わし、言葉の意味は、その力とともに生まれる。いわば、その言葉がくり返し表現されることによって、それがじっさいに働いているのが確かめられる。言葉と、その反復使用の効果としての意味の確認は、ちょうど二人三脚のように歩調を合わせている。そのうちに、ある言葉について、それ自体として働いているものがそこにあると思わせるのである。「空気」という翻訳語は、以前からあった社会的な力に現実らしさの性質を与える。その意味では、言葉によって、人の世界に現実が生まれるとも言える。それ以前にも、人は何らかの力によって規制されていたが、言葉によって、はじめてその力に現実らしさが生まれたのだ、と。

精神分析は、すでにあった社会的な力の表象と言葉の表象とのつながりを、同一化という用語によって探っている。人と人のあいだには、人がある言葉を聞く前から、すでにお互いの関係を規制している社会的な力、あるいは絆がある。「空気」という言葉は、そのことをよく物語っている。幼児は、おそらくその言葉が人の行動に影響を与えているのを、まだ知らない。しかし、それをくり返し耳にして、人の行動からその効果としての意味を目にしているうちに、自分がそれと知らずに真似をしている親しい人の行動と、その言葉とを結びつけて、意味を表象としてわがものにするのである。むろん、同一化は、そういう規範的な道筋を通るとはかぎらない。けれども、本書では、言葉がそれ自体として現実らしさを生むことに目を向けて、「空気」のもつ社会的規制力を通常の同一化から探ろうと思う。

言葉はくり返し口にされ、文字はくり返し書かれる。ここでは、その二つを合わせて言葉と言っているが、「気」はあらかじめ書かれている文字を読んで、それが日本語となり、「空気」も翻訳語として、書かれた文字であった。一般に、言葉が、なぜ人に対して大きな力をもつのか。そのことがおもに関心を向ける話題であるが、本書ではその理由を、言葉とくに文字は、人の世界に何よりもまず姿形として現われるとする、精神分析の意見に賛同する。言葉の意味は、あらかじめあるのではなく、くり返し口にされ、書かれているうちに、心のなかに表象として生まれてくるのである。そのことは、フロイトが症例研究のなかでいくども例証しているが、ラカンは、その姿形を見かけと呼んだ。見かけは、言葉だけでなく、やがて意味を生むあらゆる象徴的な表現や現象が最初にとる姿形である。言葉では、それは音声や文字であるが、人では、しぐさやふるまいである。人は見かけによって、人の世界で演じられるゲームに参加するのだと言える。

福沢諭吉は、かつて『文明論之概略』のなかで、仏教の僧侶が梵語から漢字に翻訳された経典を音読みするのを、意味も分からずに聞きながら、涙を流す日本人を見て、「此輩の目を以て見れば耶蘇も孔子も釈迦も大神官も区別ある可からず。合掌して拝むものは狐も狸も皆神仏なり」と言い、そういう「愚民」に「何を教えて何の功を成す可きや。決して文明の功を成す可らず」と書いた。この一節は、たまたま言葉とその意味の一面をついているようだ。彼の「すすめ」に従って、「西洋の文明を目的とする事」にしたその後の人が、西欧語の翻訳文を読んだり、聞いたりすることによって示した反応も、現在を含めてふりかえれば同じだろう。意味は、あくまで見かけの効果として生まれるのである。とはいえ、彼のように耶蘇も釈迦も、狐も狸もみな同じだと言うことはできない。それらの同一性が文字どおりに実現したら、人の作る文から、論述文は消えてしまうだろう。論述文は、言葉の意味がはじめから、またついに見かけだけに支えられているにしても、そのことを整合性のある、首尾一貫した言葉の使用によって明らかにしながら、人と言葉の関係について語ろうとする。精神分析も、そういう試みの一つである。

具体語であれ、観念語であれ、言葉が人の心のなかで対応する何かは、それ自体としてあるわけではなく、つねに何かの見かけである。語る生きものである人にとって、それはどうすることもできないことである。日本語の日常表現のなかに根を下ろした「気」は、言葉のそういう性質をよく教えてくれる。それは言葉の音声や文字から現われる何かの見かけである。しかし、それが音声や文字という言葉の見かけから現われるために、言葉に対する想像的な思い違いが生じる。すなわち、言葉そのものをそれ自体としてある何かと同一視する。具体語であれ、観念語であれ、人が言葉を使って対応するものとの関係をつきつめていけば、やがてそういう思い込みは払拭されるだろう。しかし、具体語によって描写する写生文と、観念語によって叙述する論述文とのあいだには、その道筋に大きな違いがある。一般的に言うなら、人は言葉の姿形のさきには何もないのを、写生文からは直観によって感得し、論述文からは理屈によって了解する。同時に、二つの道筋に共通しているのは、そうして行きついた先が人の感情と確信によって保たれていることである。

「気」は、人の心の動きを心象風景として描きだす日本語の写生文にとって、その表現になくてはならない要素である。それによって、人の心の動きを感じとり、知ることができる。しかし、言葉によって心の動きを知らせたり、説明したりする方法は、それだけではない。本書は、「気」が日常の表現のなかで大活躍する写生文のかたわらに、日本語にはなかなか馴染めない論述文をおいて、言葉に共通する性質と、その使用法の違いを探ってみたい。そのさい、著者が、日本語ではあまり真摯な応対を受けていないようにみえる論述文に対して、えこひいきしていると思われるのはやむをえないことである。

第一章　「気」――日本語と中国語

Ｉ　「気」の成り立ち

「気」は、文字として中国から日本に伝えられた。日本語には、それ以前に中国語の「氣」に当たることばはなかった。そのころ、「木」「黄」「城」や「毛」「食」「笥」などの漢字が、すでに日本語で、それぞれ「き」「け」と訓読みされているので、それらの音声によってさまざまな意味を伝えていたことばがあったのはまちがいないが、中国語の「氣」に対応する意味のことばはなかった。当初、「氣」の文字は、日本語の接頭辞や接頭辞に当たる、いわゆる接辞ふうに使われたものがあるだけで、残されている用例も数は少ない。(1) つまり、日本語では、「氣」を最初に表音文字として受け入れ、はじめにその音声である古い時代の「ケ（呉音）」を日本語ふうに音読みしながら、いわば当て字として利用したのである。

「気」は、もとの漢字で「氣」と書き、「气」と「米」の二つの要素からできている。そのうち、「气」が「きがまえ」と呼ばれる音声を表わす部首で、「米」が意味を表わしている。中国に現存する最古の字書『説文解字』は、全体として「来客に提供するまぐさや米」のことで、人や馬の食糧のことであると説明している。また、音声を表わす「气」は、それ自体が独立したひとつの漢字である。いまの辞書によると、文字の成り立ちは「象形」で、その意味は「雲気」、すなわち空に流れる雲、あるいは雲になる気体のことで、「气」は、その姿を描いた象形的な文字ということである。

『説文解字』が完成したのは、西暦一〇〇年頃とされているが、中国にはそれをはるかにさかのぼる紀元前一五世紀頃の殷の時代、すでに亀の甲羅や獣の骨に刻まれたいわゆる甲骨文字があり、紀元前一一世紀頃の周の時代には、金文と呼ばれている文字があった。そのなかに、現在の漢数字の「三」に似た文字があって、それを「气」字の起源とする説が、ずっと昔から伝えられている。甲羅や骨に刻まれた三本の線が「气」の起源であるとするなら、古代人が空に行き来する雲の流れを見て、その姿を写しとり、やがてそれが「气」字として定着したのだとすることができる。その見方は、今日まで確証されていないようだが、ともかく、中国では「气」字の起源が、漢字の誕生の頃にまで遡るとされているのが分かる。

「氣」は、現代の中国語では簡略体で「气」と書かれ、その意味は「気体」「空気」「気息」など、たまたま昔からの「气」字のそれに関連が深いようである。そのせいか、日本の学者のなかには、「氣」はもともと「气」と書かれるべきで、これがたまたま「氣」と同音なので、旧字では当て字として「氣」と書いていたのだと言う人もいる。[2] しかし、「氣」も、むろん独立した漢字である。その意味を表わす「米」を重視する学者は、「氣」は、米をふかすときに出る蒸気であるとしている。[3] だが、「蒸気」も、「雲気」と同じように、見た目には実体がつかめないものの流れを指している。

しかし、「氣」は、そのように目で見ることはできないが、そもそものはじめから自然現象のなかにあって力をもった物質と考えられていた。そして、やがて中国では、「氣」が人間をふくめたあらゆる森羅万象の根源をなす物質的な要素と見なされるようになった。日本には、そうした中国人の自然観や人間観から生まれた陰陽説や五行説が、すでに六世紀には紹介されていたらしい。しかし、「気」が漢字として、本格的に日本語に採用されるようになったのは、やはり『万葉集』や『古事記』ができた七世紀の終わり頃から、八世紀の始めにかけてだとされている。当時、「気」は、『日本書紀』に「吹き払う気（いき）」という例があるように、ほとんどが「いき」と訓読されて、その意味はだいたい現在の「呼吸」「気息」「意気」などと同じである。むろん、それらは中国語の「氣」に通じているが、「氣」の字義のすべてをおおっているわけではない。

その後、「気」が日本語として独特の使われ方をするのは、いつ頃からだろうか。それについての研究書は、けっして多くはない。むしろ、日本語のなかでこのことばが果たしている役目の大きさと複雑さからすると、不思議なほど少ない。けれども、なかには中井正一が戦前から戦後にかけて発表したような、貴重な研究の成果が文献として残されている[4]。

それによると、「気」が当初の使用法からはなれて、日本語として独特の意味をもってくるのは、平安時代のいわゆる「物語」ものに見られる「気色（けしき）」からである。当時、「気」は、「け」と発音されるのがふつうで、『源氏物語』に「気色（けしき）」の用例は六〇〇以上見あたるが、「き」はほとんどないという。一方、その時代に日本語の「け」という音声にあてられた漢字には、「異」「怪」「著」などがあるが、それらははじめにあげた「毛」「食」「笥」のような自然に存在するものではなく、日常的でないもの、人を驚かすものなどの共通した意味を窺わせる。中井は、「け」と音読みされた「気」には、そうした共通の意味が、ひとつの雰囲気のように纏わりついていると言う。また、「気色」は、ほとんどが喜怒哀楽の感情、表情、動態の表現として用いられているが、同時に自然現象ている。

を描写するときに、天候、風雨、山河、草木のすべてにそれとなく忍び入っていると言っている。

このように、「気」は、日本語のなかで本格的に使われはじめたのは一〇世紀の頃からであるが、その頃までに中国では、許慎の『説文解字』に説明があってから数えても、すでに一〇〇〇年近くのあいだ、ずっと生き続けてきた。そればかりか、中国ではすでに許慎の時代に、「気」は人々のものの見方の根本に、とりわけその物質観や生命観の根本に据えられていたのである。中国史では、紀元前五世紀の終わりから、秦の始皇帝が全国を統一する（紀元前二二一年）紀元前三世紀までの約二六〇年間を、戦国時代と呼んでいる。それから約一五〇〇年後の一二世紀に活躍した南宋の朱熹は、朱子学の大成者として知られ、その理論は自然と人間をふくめた宇宙の森羅万象を「理」と「気」によって説明しようとするところから、ひろく「理気論」と呼ばれている。それによると、あらゆる存在と現象は、「理」と「気」から成り立っている。そして、彼の「天地の間には、理あり気あり。理なるものは形而上の道なり、物を生ずるの本なり。気なるものは形而下の器なり、物を生ずるの具なり。」という言葉は、よく知られている。

朱熹は、「理」を重んじた思想家として知られている。それは「道」と同じように、つねに従うべき準則であるが、「道」が永久に人の通るべき道であるのに対して、「理」は、それ自体に形はなく、すべての事物にそなわっている永遠に変わらない法則である。つまり、あらゆる現象が、当然それに従うべき究極の原理である。だから、それは「気」を支配しているともいえるが、それ自体は物ではなく、物を生みだすこともない。物を生みだすのに欠かせないのは、あくまでも「氣」であって、これがいわば、あらゆる物質的な存在を生みだす基本的な材料である。そこには、人の生死や物の生滅など、すべての現象は「気」という実在する物質の動静によるという、中国でひろく育まれた昔からの考えが伺える。

このように、朱熹によってもあらゆる物質的な存在は、それなしにはありえないとされた「気」の基本的な性格は、その後の中国人の考えにとって動かすべからざる前提となっている。だが、あらゆる現象を「気」の集散によって考える、古代からの伝統的な物質観や人間観がいつ頃形成されたかというと、それが中国人の思想として確立されたのが、だいたい戦国時代の中頃であるとされるのである。(5) その頃から朱熹の「理気論」が完成するまでには、いま言ったように約一五〇〇年の隔たりがあるが、さらに中国では、それ以前の紀元前八世紀から紀元前五世紀(紀元前四八一年)までの時代は、春秋時代と呼ばれている。それは孔子や老子などの思想家の名によって、日本人にも親しまれている時代であるが、同時にその後の中国人の自然観に浸透して、ずっと思想や学問を支配してきた、陰陽説や五行説が完成をみた時代でもあった。それぞれの説は、一つになっていわゆる陰陽五行説になるが、もともと宇宙に充満して、人間の生命や精神活動をふくめたあらゆる物質の活動に共通する素材として「一気」であるはずの「気」が、そこでは陰気と陽気の二気になり、さらに木・火・土・金・水という「気」の五つの性質を担う五行に分かれて、すべての現象の生成と変化を生んでいるとされた。

「気」は、陰陽五行説においても、宇宙の森羅万象がついには一体であるのを保証している究極の素材とされているのは明らかである。「理」を重んじる朱子学は、それを「気」が従うべき法則としたが、はるかに時代をさかのぼる老子は、「道」を重んじて、それを自然や人間の生命にとっての根本原理とした。そこで、万物が必ずそこを通る道筋であり規範でもある「道」が、「気」に先立つ概念とされることもあるが、同時に、「道」は、万物の始原であり、その始まりは混沌として定まりがない。それが「自然の道」「無為の道」となり、法則性をそなえ、やがて万物が従うべき道になるのは、やはり具体的な素材である「気」の活動をまたなくてはならない。老子は次の有名なことばで、そのことを語っている。

「道は一を生じ、一は二を生じ、二は三を生じ、三は万物を生ず。万物は陰を負うて陽を抱き、沖気、以て和することを為す」[6]。

「一」は一気であり、それは道から生まれるが、それが分れて「二」すなわち陰陽の二気となり、陰陽の二気が結合して、陰陽の二気とともに「三」と呼ばれる沖和の気となり、その沖和の気が万物を生みだす。だから、万物はそれぞれに陰の気を背負い、陽の気を抱えて、沖和の気によって調和を保っているのである。このように、「気」は、中国人の太古の生活経験から発して、その後の自然観や人間観を表現する思想の基本的な用語の一つとして、時代によって役割を変えながら、一貫して生き続けていると言えよう。

ところで、朱熹が没したのは、わが国では鎌倉時代の初期にあたるが、その著書は、晩年にはすでに日本で紹介されていたらしい。しかし、朱子学が日本に広まるのは、それから約三〇〇年後に徳川家康が江戸幕府を開いて、林羅山がその学問上の顧問として登用されてからである。以後、林家は代々幕府の儒官となって、その朱子学は、いわば政府公認の教説となった。それとともに、朱熹の思想も親しく受け入れられ、とくに武士階級を中心に広く学ばれ、知られるようになる。江戸時代の朱子学が、当時の政治・社会体制を維持する役割をはたすように幕府の庇護を受けていたにしても、その教説がたんに武士階級のみならず、ひろく民衆に対して喧伝されたのは言うまでもない。しかし、中国の思想としての朱子学が、じっさいに日本人の考えをどれほど変えたかは、ここで即断できない。

朱子学者のなかには、羅山を幕府に紹介した藤原惺窩や、後の山崎闇斎など、今日でも日本で広く名の知られた学者たちがいる。朱熹の理気論では、天道と人道つまり自然法則と道徳法則が一つのものとされていたが、江戸時代の儒者たちが、なかでも朱子学の実践的な価値規範を理念として強調したのは、それが幕府のてこ入れによって隆盛をみたからには、当然であったろう。理は、天理として万物が従うべき正しい道筋であるが、同時に倫理として、社会の秩序を保つために人間が従うべき道、すなわち道徳となって、これが力説されたのである。それでも、儒者たちにとって、「気」が理論の柱となる基本的な概念であったことに変わりがなく、なかには反朱子学者として知られる伊藤仁斎のように、理が人間の日常生活のなかに働いていることを認めず、気がすなわち理であるとした儒者もいる。

陰陽五行説は、すでに六世紀の中頃に、朝鮮からの渡来人によって日本に伝えられたと言われる。それ以来、中国思想における「気」は、ずっと日本に紹介されてきた。しかし、多くの文献が伝える漢字の「気」は、いわば中国語における思想用語としての「気」であって、その意味で「気」は、中国思想における一つの観念を表現している。だが、日本人がその用語に対して、中国人の自然観や人間観をふくむ思想の面で向き合いながら、それを観念として吟味し、検討してきたかというと、この点はまことに覚束ない。「気」が、日常用語として日本語に広く使われているところからみると、不思議なほどである。もとより思想用語と日常用語は、はっきり区別されるわけではなく、日常の中国語でも、古来の観念とはるかに深いつながりがあるとはいえ、ずれや曖昧なところを指摘するのはたやすいだろう。

「気」には、もともと自然と人間を一つの全体にする役割が与えられている。人間についてみると、それは身体と精神の活動が、同じ一つの源泉から生じるという考えである。言いかえると、それは人間について、有形の物質としての身体活動と、無形の体験としての精神活動が連続しているとする見方である。そのように、「気」の活動が自然と人間の区別なく、あらゆる現象に及んでいることが、じっさいには「気」が思想用語としての意味をつかみにくくしている理由の一つだろう。そして、そのことは「気」が日本語として広く使われるさいの、日常的な用法にもはっきり現われている。

例えば、養生法といわれる身体の健康法や長命法は、「気」を究極の実体とした身体観に基づいているのは、だれもご存じだろう。江戸時代の儒者で、博学な自然研究者としても知られる貝原益軒は、その『養生訓』のはじめに、「人の元気は、もと是天地の万物を生ずる気なり。是人身の根本なり。人、此気にあらざれば生ぜず。生じて後は、飲食、衣服、居処の外物の助によりて、元気養はれて命をたもつ」。ここの「気」は、陰陽五行説を背景にして、自然界の現象とそれを反映する人体の生理現象を、「気」の運行によって説明しようとするさいの「気」である。いわば、中国の医学を支えてきた宇宙観における「気」であって、まさしく思想用語としての「気」である。だから、「気」が宇宙におけるたった一つの実在物であるとされても、それが観念的な存在であることまちがいないし、少しも不思議ではない。中国の医学は、すぐれて自然観照的と言われ、それがもたらした治療における多くの実践的な結果が認められているが、万物のうちに実在しているとされる「気」が、思想上の観念であるのもまちがいない。

江戸時代の儒者たちが、中国人の自然観、人間観における基本的な概念の一つである、そうした思想用語としての「気」にどれだけ探りを入れ、ときには疑いをもって、この漢語が日本語として広まるのを、あるいは受け入れ、あるいは抵抗して、それぞれの意見をどのように述べたかについては詳細がはっきりしない。しかし、その漢語は、ともかく江戸時代に、日常の日本語として「爆発的に」広まるのである。武士階級から町人へ、日本語としての使用法が広まるにつれ、それは思想用語としての概念を離れて、意味を変容させる。中井正一は、その事情をいまの儒者たちの「気」に関連させて、こう言っている、「これらのもの（思想用語としての「気」）が、町人の中に入ることによって、自ら勝手な意味附与が起こって来るのである。出版活動が盛んになることは、言語が大衆の生活の中に入って読み違えられながら、新たな意味創造を行って行くのである」[7]。

そういう自由な意味創造が、日本語のなかで「気」(き)という音声と文字をもつことばの使用法を離れてありえないのは、言うまでもない。しかし、かといって日本語の「気」(き)が、思想用語としての「気」に新しい意味を加えたり、変容させたりしたとは言えない。使用法が広がり、表現が豊かになったことからとくに目立つのは、日本語が漢語の「気」をいかに自由に、また巧みに利用したかということである。ときには勝手な意味を与えているようにみえるが、日本語は、けっしてもとの「気」からのつながりを断っていない。とくに、「気」という漢字にいつも結ばれているのである。民衆は、そのことばを使うとき、いつも漢字が念頭にあるわけではなかったというのはもちろんである。ことばは、他人の音声をまねることによって、民衆のなかに広まっていく。しかし、日本語のなかには「き」の音声をもち、漢字の「木」「奇」「季」などで表す意味の異なることばがいくつもある。漢字を知った人には、「気」の使用法と、その漢字を切り離すことはできない。そういう人から、「気」は広まっていったのだろう。

中井は、江戸時代に「気」が町人のなかに広まり、どのように日本語化していったかを示す例の一つとして、近松門左衛門の戯曲から、「気」をふくんだすべてのことばを抜きだしている。その用例は、総数で約三六〇例にもなり、なかには「気遣い」のように二七〇回以上も登場する例がある。そして、「狂気」「気の毒」「病気」「気に入る」「気を付け」「気味」「短気」「気合」「気にかかる」「気違」など、二〇回以上見られるものは言うまでもなく、そのほかの用例もほとんどが今日の日常語として使われている。

それらの用例からは、「気」が中国の古くからの文字としてもっていた、気息や蒸気のような流動する物体とか、あるいは雲や雨を構成する物質のような実体的な意味がすっかり消えているとは言えない。「気」が、あらゆる現象を生む究極の要素とされるとき、それは目には見えないが自然的に実在する物質である。だが、同じ目に見えない物質と言っても、現代の物理化学における原子のように、これまでに一〇〇以上の種類が発見されている物質の最小単位としての粒子ではなく、また原子が結合して物質が一定の化学的性質を保つための構成単位である分子でもない。しかし、気と原子や分子は、どれも目には見えないが、ともに人がそれについて語るものである。人は語れるものしか語らないのだから、語ると言うのは、人が語れると言っても同じである。人が語れないものと言うのは、語れないものとして、それを語っているのだから、それがあるかないか、実在するかしないかをうんぬんすると、必ず袋小路に迷い込む。語れないものは、人が語らないものである。精神分析は、もっぱら人が語るということについて語るのだから、人が語れないものがあるかないかについては、何も言わないのである。

ところで、江戸時代の人は近松の戯曲のなかで、「気」について大いに語っている。それ以前から、日本人は「気」を日本語として語ることができた。そこで、こんどはその語れるものとして現実に存在する「気」について、人がそれにどういう意味を与えていたか、あるいはそれについてどういう観念を抱いていたかを探る必要がある。「気」は、中国でも太古の意味から時代とともに変遷して、日本人がそれに出会ったとき、すでに一義的ではなかった。それが日本に伝えられたとき、日本人がそれについて明確な観念をもてなかったのは当然である。とくに、「気」が実在物であるという、中国で歴史的に変わらない基本的な観念については、ずっと後まで厳格には受け取らなかったようである。といって、その観念が日本語の「気」によって否定されたわけではなく、変えられたわけでもない。

日本語では、「気」が人間の精神活動を表現するために、独自に用いられてきたとするのが大方の見方であるが、近松の戯曲のなかで同じような表現のために使われた数多くの語彙から、例えば「気につれて」「気を屈し」「気がすむ」「気が定まる」「気をなだめ」「気もくらみ」などの表現をとってみても、「気」が自然現象だけでなく、人間の心も活動させている究極の実在物だとする観念が失われているとはけっして言えない。といって、中国語における「気」の意味の歴史的な変遷を正面から受けとめることはできないので、その観念をはっきり自分のものにしているとも言えない。そこで、日本語の「気」の意味も、やはり明瞭でないままである。むしろ、それらの表現からは、「気」が宇宙の森羅万象と人間の精神活動をつなぐ究極の物質であるとされるなら、その観念は逆らわずに受け入れて、「気」を人の心の動きを表現するのに利用しようという傾向がうかがえる。

Ⅱ　日本語の「気」の移り変わり

中国の思想用語としての「気」の意味と、日本語の日常表現のなかに使われる「気」の意味にずれがあるのは、言うまでもない。漢字の「気」の意味が日本語において根本的な変化を受けなかったのは、「気」が、すでに中国で歴史的に完成した文字として伝えられたことにもよるだろう。朱熹は、その概念を理気説の土台として高度に完成させた。もし日本で、とくに朱子学が流行した江戸時代に、思想用語としての「気」を根本から問い直し、その概念に手を加えなくてはならないとしたら、その役目を負うのは儒者たちであったろう。しかし、当時の儒者たちは、もっぱら朱子学の受容に追われて、文献を整理し、読解して、民衆に講釈することがあっても、中国の思想史における「気」の概念に目を向けて、それを考察したり、批判したりすることはできなかった。

そこで、日本語では、「気」が人間の身体をふくめた自然の物質と人間の精神とを一元的に包括する究極的な実在物であるという考えも、それほど抵抗なく迎えられたのかもしれない。また、それが日本人の考えを揺さぶって、それまでの世界観や人間観に変化を迫ることもなかったろう。自然と精神が連続して、一体をなしているというのは、昔からなじみのない考えではなかった。こうして、「気」は、あらためて思想用語として意味がうんぬんされるよりも、ともかくことばとして日常の言語活動に溶け込み、日本語としての使用を広げていったのである。だから、日本語としての「気」を考えるにあたって、ここでも「気」が漢字としてもっている意味とともに、その日本語における使用法に、とりわけ目を向けたいのである。

ことばの意味が、歴史的に変化をこうむるのは言うまでもない。「気」も、「天」「道」「理」「命」「性」「心」のような、中国の思想史で重要な役割をはたしてきたいくつかのことばと同じように、これまでに意味を変容させてきたのだと思われる。しかし、「気」を自国語として取り入れた日本では、そのつど思想用語としての「気」に正面から向き合って、時代ごとにその内容を探るだけの条件がなかったと言えよう。その一方で、「気」は、いつの時代にも日本人にとって、中国語の文字(漢字)としてあった。江戸時代の儒者たちは、朱子学の文献をとおしてそれに親しんだが、意味はあくまでも自己完結的な体系においてすでに規定されているものとして、動かすことのできないものであった。もちろん、儒者たちのなかにも、伊藤仁斎や荻生徂徠のように朱子学の批判者たちはいたが、その人たちも思想用語としてのその意味を日本語として広げたとは言えないだろう。

いずれにしても、「気」は、とくに江戸時代に、日常の言語活動のなかで急速にその使用法を広げていった。一般に、ことばの意味に対する関心は薄いようにみえるが、それは儒者たちについても、根本的には言えることである。

しかし、ことばが日常表現のなかに広く使われるとともに、それは日本語として、ときに恣意的とみえるほど自由に、独自の方向に意味を広げていったとも言えよう。そのさい、民衆にとっても儒者にとっても、「気」はいつも漢字としてあった。たとえ、民衆のなかにまったく漢字が読めない人がいても、その人は漢字を読んで口伝えされた音声を模倣しながら、日本語として使用していったのである。

「気」が、日常言語のなかに広く溶け込んでいったことは、「気」を使った日本語の多くの表現から明らかであるが、そこからその意味を探ってみると、すぐに分かるのは、「気」がとりわけ人間の精神活動を表現しようとするさいに使われていることである。とくに、それは「気」が単独で使われるさいの目立った特徴である。「気」が一語で、が、の、に、を、などの助詞をともなって、今日でも通用すると思われる用法を、現在の『日本国語大辞典』（小学館）は、二一六例あげているが、それらは例外なく人間の精神活動や精神状態にかかわりのある表現である。少し近づいてみれば、それらは喜怒哀楽にともなう感情の動き、意欲、関心、配慮など、人間の心の体験と状態を表わしている。そうした表現から、たしかに「気」は、人間が非常に身近に感じとれる感覚的な何かを指そうとしていると言えるかもしれない。

けれども、また「気」は、それぞれの表現と一体化して、一語としてたんに多義的というより、その意味は、ぼんやりと表現自体に溶け込んでいるようである。かといって、その一語は、どの表現にも欠かすことはできない。それが表現を支え、表現全体に意味を与えているのである。その点で一語は際立っており、確固としてゆるぎない。ただし、それは表現全体に意味を与えているが、一語の意味として確固としているのではない。あくまでも、「気」という文字として、あるいは読まれて音声となった文字として際立っているのである。日本語の日常表現に使われる「気」は、中国語の意味を根本的に変えようとしたり、そこから遠く離れたりはしない。むしろ、中国語の「気」をそのまま受け入れて、その意味の範囲を逸脱していない。「気」は、森羅万象を生み出す究極の物質的な実体であるが、その観念をとくに深刻には受けとめずに、それはそういうものとして、日常表現を広げていったのである。だが、やはり「気」が与えている観念のなかで、それが人間の身体のみならず、精神活動も支配しているということが、あらためて目にとまる。日常表現は、それを素直に受け入れながら、日本人の心の体験を文字としての「気」に託して、闊達に表現したのである。

人間は「気」によって、たんに精神と身体が一つの存在とされるだけではない。「気」は人間を、そとにある天地万物とも結んでいる。言いかえると、「気」によって自然と人間が一つの存在となり、それは宇宙と連続して、全体的な一になるのである。このような考えは、同じ人間の精神活動に目を向ける精神分析に対して難しい問題を投げかける。精神分析は、実践の面では生きた人間を相手にしているのは言うまでもないが、ふつうは個人を相手とした精神療法の一つである。それが、ときには「火」や「貨幣」の精神分析と銘うって論文や本が書かれることもあるが、あくまでも理論の応用に関心を表明した文句である。「気」についても、それと似たようなことが言えるだろう。人間といかに関係が深いと言っても、目に見えるものではなく、それとして知覚したり、存在を確かめたりした人はいない。最近では、それを科学的に研究しようとする人も少なくないが、科学の対象は、その存在が合理的に疑いを入れる余地がなく、その動態が量的に計測できて、最終的には、その動きが客観的に予測できて、一般に訓練を積んだ人には分かるのがふつうである。その意味で、「気」は中国の長い歴史のなかで一貫して重要な役割をはたし、日本でも、とくに江戸時代以降は今日まで、多方面に大きな影響力をもってきたとはいえ、あくまでも観念的な構成物としてとどまっている。しかし、そのことはこれから「気」を考えるようとするにさいして、少しの妨げにもならない。

日本語に「ものは言いよう」ということわざがある。ものごとは、言い方によって、相手の受け取り方が変わってくる。それはコミュニケーションにおいて、「ものの言い方」が大きな役目をするのを教えている。ここでも、「気」を論じるにあたって、そのことに目を向けていきたい。ただし、ここでの「ものの言い方」は、例えば(自然)科学の領域に特有なとか、精神分析に特有なと言うときの、「ものの言い方」である。だから、いまのことわざの「言いよう」とまったく同じではなく、言語学や精神分析で「談話」「言説」などと呼ばれている「ものの言い方」である。もちろん、それは日本語の「ものの言いよう」と無関係ではない。ことわざは、同じものごとについても、それを言うときにはさまざまな言い方があり、それぞれの言い方によってものごとの意味が変わってくるのを知らせている。つまり、人間のコミュニケーションから意味が生まれるときには、「ものの言い方」が問題になるのだと言っているのである。

ところで、精神分析の「ものの言い方」は、(自然)科学のそれではない。「気」は、とりわけて今日の自然科学的な概念とは言えないが、それが精神分析にとって難しい問題をさし出すというのも、「気」についての「ものの言い方」からきている。「気」は、人間の心のはたらきを生む実体であるが、それを使用した数多くの表現から、われわれは「気」そのものの意味とともに、「気」によって規定されている人間の心についての考えをうかがうことができる。すなわち、「気」を用いた表現そのものの意味だけではなく、そう表現したことからうかがわれる心についての考えである。あえて、それを「気」についての「ものの言い方」と、そこからうかがえる人間の心についての「考え方」と言ってもよいかと思う。両者の関係は、お互いに緊密で、切り離せない。いわば、前者から後者へ、後者から前者へと往復運動をしているかのように通じあっている。精神分析についても、そのようなことが言える。精神分析の「ものの言い方」と、そこからうかがえる人間の心についての「考え方」である。

日本語の「気」は、日常の言語活動のなかで表現を豊かにしてきた。いわば、日本人の自発性にもとづいている。精神分析が人間の心を考えるために使う術語は、おもに創始者のフロイトが編み出した用語にもとづいている。むろん、彼の母国語の既存の単語を活用したものであるが、それぞれは独自に定義することができる術語である。「気」と精神分析の用語は、これまでにたどった歴史はずいぶん違うが、ここでは人間の心にかかわるという両者の共通した面に目を向けて、それについての両者の考えの特徴に探りを入れたい。

たしかに、日本語として採用された「気」による表現は、自由で闊達な印象を与え、そこから日本人が人間の心について抱いている考えをうかがうことができる。しかし、どれほど広がっても、それぞれの表現は「気」がそれ自体でもっている意味から離れることはないし、それを失うことはできない。当然、人間の心についての考え方も、根本的にその意味によって枠が与えられている。一例をあげると、これは個人的な見聞であるが、私は精神医学や心理学の専門分野の異なる人たちが「日本人は、何でも『気』のせいにするところがある」と言うのを、よく耳にした。それはたんに日常的な成句の「気のせい(所為)」で、はっきりした理由もないのに自分だけでそう感じるという意味ではつかみきれない、あらゆる精神活動を「気」の仕業と考える傾向を指している。そこからは心の現象がどれほど多様で、複雑に見えようと、それがもともと「気」という言葉（とくに文字）と、その一元的な意味によって規定されているのだという考えがうかがえる。

とはいえ、「気」が万物を包括するといっても、人間の心の働きがそれだけに因っているというのは、「気」の意味を一面的に、狭く受けとっていると言われるかもしれない。また、「気」をたんに一元的な実体とするのも、偏った考えである、と。江戸時代に流行した朱子学の唱える理気説は、ふつうは理気二元論と呼ばれて、「理」と「気」の二概念によって森羅万象を総括的に説明するとされている。だが、朱子学について言われる二元論の意味を考えてみると、そこでは万物を生みだす二つの実体があるとはされていない。つまり、世界と人間の存在にかかわる二つの実体があって、お互いに異質で、根本的に対立しているとはされていない。存在については、「気」が、その形質や運動を実在的に保証する概念で、「理」は、その法則的な側面にかかわる概念である。そこで、二つの概念は、一方が経験的に確かめられる物質的な実在にかかわり、もう一方は経験では確かめられないが、人間をふくめた万物がそれに従い、やはり実在するものと考えられる法則にかかわる概念である。このように、世界と人間を考えるにあたって、二つの概念は対立していない。むしろ、両者は相補的で、さらには相即的に宇宙の全体を説明しようとしていると言える。また、たとえ両者が二つの異なった原理を表わしていても、それらがお互いに異質であるとは言えない。

森羅万象を生む物質についての原理と、その物質の運動についての原理があって、両者からすべての存在そのものを説明しようとする。そうした理論が二元論とされるかどうか、ここではわきにおく。ただ、存在についての法則は、ものの存在における関係を説明しなくてはならない。そのさい、存在がたった一つの存在であるとすれば、そこから関係は生まれないから、それについては法則をうんぬんすることができない。関係を説明するには、二つのものの存在がなくてはならない。

中国の思想においても、古くから存在する複数のものは、漢字が表現する概念によって前提されていたようにみえる。そのなかで、もっとも基本的な二つの概念を、いま世界と人間と言ったが、両者は対立していなくても、その「世界」を、今日のわれわれに分かりやすいように、もとの漢字の意味からそれるかもしれないが「自然」と言いかえて、自然と人間にすれば、両者の区別はいっそうはっきりするだろう。

今日の日本語で、自然は、おもに英語の nature の訳語として通っている。一方、その英語から意味のうえで遠くないことばとして連想されるのは、漢字の「天」だろう。「天」は、日本語の「あめ」「あま」がこの漢字で表記されたので、その音声も「テン」として、古くから日本語に採用されている。それは人の頭部から発して、高い頂となり、やがて人の頭上高く広がる大空となった。「天」は、人間が住む空間をおおっているが、「気」のように物質的な実在に繋ぎとめられるところが少ないようで、人間に対して超越的なところの多い観念である。

「天」については、中国でもその観念が歴史的に一様ではなく、思想家によってもさまざまな違いはあるものの、ともかく、西欧語の nature の訳語である「自然」と同じではない。そのことは、人間に対する「天」と「自然」の関係を顧みれば、明らかである。「自然」が、もともと人間にそなわった内在的な性質を表わすのに対して、「天」は、超越的であればあるほど、「天命」「天道」「天意」「天然」「天与」などとして、人間から離れていく。いわば、人間の力が及ばない実体として存在するものを表わしている。とはいえ、人間と無関係ではない。「天人相関」「天人一理」「天人一気」と言われるように、人間とかたく結ばれている面がある。そのことを英語の訳語としての「自然」に照らしてみると、「天」は、自然と人間が「理」や「気」を媒介にしながら、一つに統合されている場所の趣がある。また、あくまでも人間を超越しているが、同時に人間がそれと一体になった自然でもある。

そのような自然に、人間は「天道」によって従っている。「天道」は、自然の法則であるとともに、人間の運命を支配する「理」でもある。「天」は、あらゆる人間に分け隔てなく力を及ぼしているが、その「天道無親」（老子）は、とりわけ善人の味方である。つまり、「天道」が「理」によって人間を支配する法則として働くとき、その人間は、根本的に道徳的な存在とされている。そこで、「天道」は人間に対して、本質的に道徳法則として働く。「天」は、その法則と自然法則とが一つになって実現されているところを指す観念のようである。

「天」の法則に従う万物のなかで、中国では、とくに人間を説明するとき、「理」「気」とともに、「性」「心」という漢字によって表現されている内容が取りあげられる。「性」は、人間が生まれつきもっているとされる本性であり、いわば人間にそなわっている「理」である。「心」は、第三章であらためてふれるが、もとは心臓のことで、しだいに人間の精神活動の中枢とされるようになった。人間は、宇宙の「気」を受けとって、それが身体となり、その「気」が「理」と結ばれて、はじめて「心」が生まれる。そして、知覚や思考などの精神活動を実現するのである。「心」は、さらに人間の「情」とされる現象を生みだす。人間の「心」には、不変の法則である「理」としての「性」があり、それが現実の具体的な事物に触れると、そこに人間の「情」が生まれる。人間にあって、「情」は「喜」「怒」「哀」「楽」などとして体験される精神状態であり、「心」の作用としてなくすことのできないものであるが、ときには人間を「天道」から逸脱させる。しかし、もともと「心」のなかにそなわっている「性」(本性)は、「情」の発動による人間のあらゆる体験を、総じて本来の「天道」に導くのである。

中国の歴史で、人間の「性」が善とされたか(性善説)、悪とされたか(性悪説)。ここでは、その議論のいきさつをわきにおいて、ともかく「気」の一元的な性格は、古くから陰陽五行説と結ばれて、陰陽の二気、五行の五気に分節され、宇宙の万物におけるその現象形態は、けっして一様ではなかったと言っておこう。にもかかわらず、ここで「気」の本質的な一元性を言いたいのは、それがあらゆる現象をくまなく生みだすとされるからである。言いかえると、それは人と人以外のものをひと続きの存在にしているものであり、前にふれた自然と人間に切れ目のない連続性を保証している実体と見られているからである。「気」は、日本語になり、そこで驚くほど多岐に使用されるようになった。そのとき、「気」についてのいまの一元的な見方は、とりわけ、一般に人間の心の動きにかかわる日常表現のなかにどう反映されているだろうか。「気」を大いに活用した日本語の日常表現においては、かえってそういう見方は判然とせずに、見すごされたままであったかもしれない。しかし、日本語はそれにもかかわらず、あるいはそれだからいっそう、人間の心のもっとも現実的な動きを、「気」という文字に依託したのだとも言えるかもしれない。日本では、「気」の意味にあまり頓着しないまま、それを日常表現のなかで広く活用するあいだに、その観念はいつのまにか、知らず知らずのうちに受け入れられたようである。

陰陽説における「陰」と「陽」の二気は、宇宙を構成する「気」が、それ自体において二種類に分類されるとした考えである。そこで、前の理気論と性質は異なるが、やはり中国思想における二元論の例としてよいかもしれない。しかし、そこでも「気」はときに「陰」となり、ときに「陽」となって密接に交わりながら、お互いに入れ替わることができる。すなわち、そもそも一つである「気」が二つに分かれて、お互いにいわば相補的に働いて、宇宙の万物を生みだしているのであるが、二種類の気は、万物生成の過程で対立しているとしても、それぞれが独自の実在とはされていない。だから、お互いの対立は、根底的ではなく、陰陽説においても、「気」の一元的な本質には変わりがない。

さて、中国の思想史では、「気」が歴史的に二元論的な背景から説明されることがあるが、その一元性は失われたときがない。「気」の本質についてのそうした見方は、精神分析の立場から「気」を考えるにあたって、最初の足掛かりとなる。そればかりでなく、最後までそれぞれの立場を分ける根本の違いにかかわり続けるだろう。

自然現象と人間の精神活動が一つの実体によって統合されているというのは、言いかえると、自然と人間は、とどのつまり分断されているわけではなく、連続しているということである。この見方は、ごく当たり前で、だれからも受け入れられそうにみえるが、そこの「人間」について、少し近づいて考えてみると、けっして自明とは言えない。人間が自然に手を加えたり、それを素材にして作ったりしたものは、道具や言語から、あらゆる社会制度まで、われわれがそこで生きている人間的な環境をなしているが、その総体を広義の「文化」と呼ぶと、人間を考えるには、たんに自然と人間という二者の関係だけでは説明がつかないことが分かる。すなわち、そのためには文化という第三者を加えることが必要で、自然と文化、文化と人間の関係を考慮しながら、自然と人間について考えなくてはならない。そこで、人間と自然の関係について、感情的には当然とされるような結論をすぐに下さないで、自然と文化、人間と文化の関係に目を向けると、そこに文化という第三者をはさんで、人間と自然がはたして連続していると言いきれるかという疑問が浮かんでくる。

われわれは、人間が大きな自然のなかに生きているのを知っているが、同時に、他のあらゆる生物や無生物とは本質的に違うとも感じている。人間は自己の精神活動によって、そう感じるのだが、いま、あらためてその由来は何かと問うてみると、やはり、それは分かり切ったことのようだが、人間が作り上げた文化であると言わざるをえない。つまり、自然のなかにおける人間の本質は、人間が自分の作りだしたものによって、自分を他のあらゆるものと違った存在にするということである。したがって、人間の手が加わったものの総体である文化と、自然とはたんに連続しているとは言えない。むしろ、人間の本質が自然と文化を切り離すのである。また、そのことが同時に自然と人間を、たんに一つのものとしてはとらえ切れないように仕向けたのである。

それでは、人間と文化についてはどうだろうか。両者の関係も、また、自然と人間についてと同じことが言えるだろう。人間と文化のあいだに矛盾がなく、両者が本当に一つのものであるなら、われわれの目は再び二項だけに向けられて、自然と人間の関係を考えれば、それで十分ということになる。しかし、実際には、人間の手のなる文化という第三項が、自然と人間のあいだに割って入り、両者を引き離している。すなわち、自然は文化によって、人間とのたんなる連続性を断たれている。そのために、こんどは文化と人間のあいだに、自然が介在することによって、溝が生まれたのである。二元論は、一般に歴史的にも、自然現象と人間の精神活動の対立と、根本的な異質性を際立たせたことに始まるとされている。両者は世界における二つの原理であるとともに、お互いのあいだには埋めることのできない溝がある。それらは、ふつう物質と精神、あるいは物的なものと心的なものとして広く理解されてきたのだが、心的なものを人間の精神活動としたとき、そこに文化という第三者を加えて、それと心的なものとの関係を、ちょうど物的なものと心的なものの関係と同じように、対立と異質性をとおして眺めていこうとするのは当然のことである。その意味では、人間の精神活動を考えるさいに、精神分析は二元論にしたがっている。

とくに、その理論の基本概念である「欲動」については、その傾向がはっきりしている。それは欲動そのものが何かと対立しているのではなく、それのたどる道筋において、いつも、お互いが最終的に慰撫し合えない二つの原理にぶつかるのである。いわば、対立する原理は、欲動の道筋の背景をなしているようである。二つの原理は、欲動がたどる運命のなかで、けっして一つになることはない。また、フロイトのそういう見方は、終始変わることがない。二元論は、そうした抜きがたい傾向をもった思考の背景をなしているのである。さらに、その背景に少し目をやってみると、そこには文化と人間の精神活動との確執が見てとれる。「幻想の未来」や「文化への不満」など、彼が晩年に行き着いたいわゆる文化論が、それをはっきり知らせている。

本章のはじめに、「気」という漢字は、宇宙の森羅万象を生んで、それが一つであるのを保証している根源的な物質を表わしていると言った。また、そのとき一つとされるのは、とくに自然と人間であるとした。そのような「気」は、やはり中国の思想全体のなかで非常に重要な基本概念の一つである。では、その基本概念は、自然と人間のあいだに文化が介在するという、当然に考えられる事態とどのようにつながるだろうか。日常の日本語に溶けこんで、広く利用されている「気」という文字（＝言葉）には、われわれがそれによっていつのまにか身につけた自然と文化と人間についての見方が、はっきりと表現されているはずである。そこで、次に、人間の精神活動を豊かに表現する「気」について、「欲動」を同じ人間の精神活動の基本とする精神分析からみると、どういうことになるかを考えてみよう。

第二章 「気」と欲動

I 心を動かすエネルギー

「気」は、すべての物質の最小単位であるとともに、宇宙のあらゆる現象を生む活力でもある。人間について言うと、それは精神と身体を結んだ生命体としての人間を動かすエネルギーである。精神分析について、人間の精神活動を生むエネルギーは何かといえば、それは「欲動」である。そこで、精神分析の基本概念である「欲動」を「気」に近づけて考えようとするのはもっともで、精神医学者のなかには、じっさいにその見方を表明した人もいる。[1]「気」と「欲動」は、精神の活動力を生むエネルギーという性質において共通するところがあると考えられるのである。

「欲動」にあたるドイツ語は Trieb で、その動詞形である treiben には、「追い立てる」「漂う」などの意味がある。そのことからも、日本語の「気がはやる」「気がせく」あるいは「気が向く」などの用法から、「気」が「欲動」に近いのではないかと思われてくる。だが、Trieb は、ドイツ語以外の言葉では、日本語にかぎらず、どれもが翻訳語で、同じ西欧語圏でも、英語訳についてさっそく問題が生じた。それは、英語で Trieb をはじめに instinct と訳したことによるので、邦訳でも、その英訳からはじめに「本能」と訳され、ずっと使用されてきた。いまは、そのいきさつや、「本能」と「欲動」のどちらがよいかについてふれる場合ではないが、ここでは、フロイト自身がドイツ語の Trieb と Instinkt（本能）をはっきり区別しているので、「欲動」の邦訳をあてることにする。いずれにしても、その意味は、それぞれの国語による訳語から、すぐには理解しにくいのである。

「気」について、精神分析の「欲動」を手がかりに考えていこうとするとき、その共通したところに目を向けると同時に、両者の違いをはっきり見るのを忘れてはならない。そのことが、人の心に関するそれぞれの見方の特徴を探るのにつながるのである。両者の違いの面にかぎって、ここでは欲動がもつ三つの特徴をあげておこう。

最初に、欲動は同じエネルギーといっても、人の心が活動するときだけに働く。人の心のそとで起こる宇宙の森羅万象はもちろん、人に近い動物たちについても、欲動を言うことはできない。次に、たんなる活力としてのエネルギーは、ふつうはその大小や強弱のような量的な面が問題になるのだが、欲動が人の心に働くときは、それとともに、例えば自由エネルギーと拘束エネルギーのような、質的に違う特徴が大きな問題になる。つまり、欲動のもつエネルギーは、人の心にいつも同じ性質をもって働いているわけではない。むしろ、それは一次過程や二次過程のような、心が働くときの基本的な様態に応じたお互いに対立する性質をもって働いている。第三に、欲動のもつエネルギーは、それが人の心に働く欲動であるためには、何かの形や姿として心に与えられなくてはならない。もし、欲動のもつエネルギーが、最期まで量的な性質だけをおびていたら、われわれは、欲動を人の精神現象として十分に理解することができない。欲動は、たんに人がそのつど体験する興奮や感情の大小、強弱を測る手だてにすぎないことになる。だが、そうではなく、欲動は人の心に描かれた形や姿になったとき、はじめてそれを人の精神現象として十分に理解することができるのである。そのことは、とくに注目しなくてはならない。とはいえ、欲動はエネルギーとして、すべてが形や姿になるわけではない。その量的な性質も、またどこまでも失われることはない。

人の心に与えられる何らかの姿は、音や形をふくめて「表象」と呼ばれ、フロイトも、哲学や心理学で以前から使われている、そのドイツ語の用語（Vorstellung）を使った。いまあげた、欲動のもつ三つの特徴のうち、われわれが「欲動」をそれとして認める手立てになるこの「表象」は、邦訳の漢字では分かりにくいが、ドイツ語の（Vor-stellung）は、文字どおりには「前に‐立っている」ということで、「紹介」や「イメージ」などの意味に使われる日常語である。それは、心のなかに描かれるものとして、日本語では「姿」「図」「絵」「イメージ」などと言いかえれば分かりやすいので、適宜そうするつもりである。どの言葉も、すぐに視覚的なものを連想させるが、いま言ったように、そこには音も、すなわち聴覚的なものもふくまれる。

フロイトは、人の心に与えられるこの「表象」を、さらに「事物表象」と「言語表象」に分けたが、そのことは、精神分析にとってだいじな意味をもっている。表象は、あるときはたんにものの形や姿のままにそれとして、またあるときは、それを指す言葉として心に描かれる。いま、心のなかに事物としてとどまる表象を視覚的なものとすると、それを名指した言葉の表象は、聴覚的な表象と言えるかもしれない。しかし、一般にそう思われるとしても、それでは言葉と同じように人と関わりの深い「文字」についてはどうであろうか。文字は、人が声を出して読めば、それが耳に聞こえる聴覚的なものになり、一人で黙読するときも、その人は知らず知らずに聴覚的なものに移しかえているとも言えよう。しかし、文字が人の心に与える効果は、それでは言いつくせない。また、それは必ず読まれるものでもない。いわゆる未解読文字の例をあげるまでもなく、それは読まれないあいだも、文字として認められることがあり、もとは視覚的な刺激によって心に与えられる事物表象である。

漢字やアルファベットのような、高度に完成されて、体系化された文字は、国語の伝達手段として使われて、人々の言語生活に溶けこんでいる。そういう文字は、読まれることによって言語表象につながる。ただし、そう言いきることもできない。文字は、たんに言語表象とも、事物表象とも言うことができないのである。そのことは、やはり人の心で欲動のエネルギーが働くさいに、一次過程と二次過程のような対立する二つの様態がその背景にあるという条件からきている。二つの過程は、対立しているが、エネルギーはそのあいだを移動する。つまり、表象は、事物から言語に移動することができる。文字については、とりわけそのことが特徴的である。フロイトは、早くからそのことに注目していた。彼は、事物表象から言語表象への移行を、人の心の装置をなしている無意識と意識という、二つの系のあいだの移動とみなしていた。すなわち、表象となった欲動のエネルギーが事物から言語になると、それは意識的になる。あるいは、表象が事物としてあるかぎり、それは無意識的である。そこで、意識的な表象には事物表象と、それを言葉になおした言語表象とがあり、無意識的な表象には事物表象だけがあるとされた。

一般に、そのことを文字について、とくにその働きの面からみると、文字はそれ自体として事物表象とも言語表象とも言えず、いわばそのあいだを行き来して、橋渡しをしているようなものだと言える。二つの表象のうち、言語表象が、心の意識系と無意識系の両方の場所にあるのに対して、事物表象はつねに無意識的であることから、フロイトは、その表象を人の心の無意識の領域を探るための手がかりであるとみた。欲動のエネルギーが表象になることによって、人の心に二つの対立する領域のあるのが明らかになるのである。ラカンは、文字をとおして、その対立を現実的なもの（あるいは現実界）と象徴的なもの（あるいは象徴界）のそれとみなした。すなわち、言葉にならない事物を、それ自体としては現実的なものだとすれば、事物は、言葉とは、さらに言葉によって支えられている象徴的な世界とは、別の領域にある。そして、文字は、二つの領域のあいだにあって、両者の橋渡しをする。また、そのことで人の心に働く無意識的なものを探る手立てになる。といっても、文字は、自動的に現実界と象徴界の仲立ちをするわけではない。文字が二つの領域の橋渡しになるのは、人の心が、たんなる事物表象として与えられた外界の知覚像や記憶像から何かを想像して、それが言葉と結ばれるからである。ラカンは、そういうたんなる事物から人が何かを想像する能力と、それによって生みだされる世界を、独立した領域として現実界と象徴界から区別し、想像界（あるいは想像的なもの）と呼び、それら三つの領域によって、人は人として規定されるとみなしている。

ところで、「気」は、中国から文字として日本に伝えられた。漢字は、象形的で、表意的な文字であるが、音と意味を同時に表わすことから、今日では表語文字と呼ばれることが多い。例えば、「馬」は、「マ」という音を表わすとともに、日本語の「うま」の意味を表わしている。「気」は、前に言ったように、われわれの祖先がこの文字に出会ったとき、日本語には、その意味にあたる言葉はなかった。しかし、それは、「ケ」「キ」と音読みされているうちに、そのまま日本語として広まり、慣用的な表現のなかに定着するようになった。そして、いまでは日常の日本語で、「気」を使用しなくては、人の心の動きや状態を表わすことはできまいと思われるほどになっている。

漢字の「気」は、日本人がそれを長いあいだ利用しているあいだに、日常の言語生活に溶けこみ、日本語の日常表現を非常に豊かにしてくれたが、そのもとの意味をここで変えることはなかった。人の心や状態を表わすときも、それが万物を動かすエネルギーをそなえた、宇宙の根源的物質であるという根本的な意味を変えたわけではない。そこで、人の心は「気」が支配するところとなり、あたかも心のあらゆる動きが、「気のせい」とみなされると言っても、誇張でないほどになる。たしかに、「気のせい」という表現は、知覚や感情の原因が自分の心のなかだけにあって、じっさいには根拠がないときに言われるのだが、そのときは「気」をつけたり、「気」を確かめたりすることで、気もちのもち方を変えなくてはいけないとされる。このように、「気」は、人がそれによって支配されながらも、そのもち方によって操作的に働きかける対象ともなる。

「気」は、人を支配したり、人はそれに対処したりする。そのように、「気」によって人の心の動きを表現しようとするとき、欲動によるその説明に対して目立つのは、「気」が人の心なかの表象にかかわりをもたないことである。「気」の本質は、欲動と同じようにエネルギーであるが、その背景には、「気」によって宇宙の森羅万象をすべてとらえようとする一元的な見方がある。それによって、表象が、人の心の動きのわきにおかれる。なぜなら、表象は、万物にではなく、人の心に特有の現象とみられるからである。といって、人以外の動物たちの心にも、知覚や記憶によって、まちがいなく表象が与えられるだろう。動物たちも、活発にイメージを心に描いているにちがいない。しかし、動物たちは、その内容を言葉によって伝達しない。精神分析は、言葉によって表象を探るので、動物たちの心には目を向けられないのである。ともあれ、「気」は、万物を一元的にとらえようとする立場を背景にして、表象にかかわらない。それはどこでも、いつでもエネルギーとして、それ自体の運動をしていて、たとえ人の「気が沈んだ」り、「気がふさいだ」りしても、そのとき心に描かれたイメージにこだわることなく、いつも表象のそとで活動しているのである。

欲動についても、そのエネルギーは、前に言ったように、すべてが表象に変わるわけではない。フロイトは、そもそも、欲動は人の心のなかで情動と表象に分かれるのだと言っている。情動とは、ふつう人があらゆる感情として体験する、心の動きや状態のことである。それは、よく強い弱いとか、深い浅いと形容されるように、エネルギーの量的な面を表わすようにみえる。しかし、それには満足から苦痛まで、つまるところ快と不快に還元される体験が必ずともなっている。だから、それはたんに量的とは言えず、すでに質的な体験を表わしている。そこで、欲動のエネルギーは、人の心に量と質として働く一方で、そこに表象をともなわない情動と、情動と結ばれないまま、表象として心にとどまるものに分かれるのである。

日本語の「気」についてみると、人が感情として体験する心の動きや状態を表現するのに、それは大いに、また非常に便利に利用されている。さらに、感情だけではなく、一般に人の認識能力を表わす意識の状態を表現するのにも利用されている。「気がつく」「気にとめる」「気にかける」「気を使う」などの表現は、感情を離れて、意識の状態を表わしていると言えよう。しかし、そこで利用されている「気」は、そのとき心に思い描かれるものがどういうもので、それがどう働いているかを探ろうとして使われているのではない。いわば、人の心の状態を、そのつど描写するために使われているのである。「気」は、宇宙に遍在する究極の実在物で、人の心に生まれるイメージからは独立して活動しているのであれば、それはもっともである。だが、欲動は、表象に目を向けなければ、それについて語る手がかりを失う。人の心が外界を知覚し、欲動のエネルギーが情動と表象になって、はじめて、人は心の活動を量と質によって体験するのである。

Ⅱ　エネルギーと表象

フロイトは、表象を、外からの刺激によって心に書き込まれるものと考えていた。ドイツ語では、前に言ったように、Vorstellung で、文字どおりには「前に - 立っている」ということだが、フランス語では representation で、英語も同じである（ときに、たんに presentation とされることもある）。これは日本語に直すと「ふたたび前に現われる」あるいは「ふたたびさし出す」という意味で、イメージとの関連でいえば、「ふたたび見えるようにする」ということである。つまり、いちど書き込まれたものが、ふたたび現われて、見えるように前に立っているが、そうしてふたたび現われたものは、そのまま前に書き込まれたものではなく、もとのものは、その後の心の活動によって変形していると考えられた。

それでは、前に書き込まれたものと、ふたたび現れたものはどういう関係にあるのだろうか。そもそも、どちらを文字どおりの表象と呼べばよいか。欲動が、心的なエネルギーとして、たんなる身体的なそれから離れるのは、すでに分かっているとしても、それが一方では始めから、ずっと身体的な性質を失わないのも明らかである。表象についてみれば、欲動は、一方では身体的なエネルギーとして情動となり、他方で人の心的な活動に特徴的な表象になるのだが、その表象も、そもそもは言語活動に関わりのないものとして、身体的な性質のイメージをそなえていただろう。それは事物表象として書き込まれ、ふたたび現われるはずである。また、一般に社会生活でふつうに使われている言葉を連想させる言語表象についても、根本的に同じことが言える。言語表象は、当初から国語のなかである一定の意味をもった言葉として与えられるわけではなく、身体的なものとの結びつきが深い事物表象として心に書き込まれるのである。

そうなると、表象において、前に書き込まれたものと、ふたたび現われたものとの関係は微妙になる。表象は、英仏語で言うように、文字どおりにはふたたび現われるものであるが、同時にドイツ語で言うように、前に立っているものであって、合わせると、ふたたび現われて前に立っているものであるから、はじめに書き込まれたものは、文字どおりの表象ではなく、いわば前 - 表象、あるいは原 - 表象ではないか。しかし、フロイトは、もとのものを表象と呼び、ふたたび現われるものを表象代理（あるいは、代表）と呼んで、問題になるのは、つねに欲動におけるこの表象代理であるとした。そこで、人の心の活動を探ろうとすれば、いつも表象代理によってはじめられることになる。言いかえると、そういうときに表象（そのもの）は、もう目の前に現れていないものであり、前に立っているのは、もとのものではない、たんにその代りをしているということになる。あるいは、前に現れている（現前している）ものは、もとのものはもうないのを示している。表象において、じっさいに何かを表象するのは、こうしてもとのものが現前していないのを示して、その代理をさし出すもの、あるいはさし出されたもの（表象代理）である。フロイトは、そうした表象と表象代理が、心の意識的な活動と無意識的なそれを探るのに大いに与っているとみていた。

表象のうち、言語（表象）と事物（表象）は意識的な表象になることができるが、無意識的な表象になるのは事物だけであると前に言ったが、それは言葉が、すべて人の心に意識的なイメージとして与えられるということではない。いま言ったように、言葉もまた身体的なものと結ばれた事物表象として心に描かれることがあり、無意識的なままであることができる。事物のイメージを言葉におきかえるのは、たしかに事物の性質や内容を示して、一般にその意味を伝えて、それを意識的にとらえるのに役立つ。しかし、そのとき使われる言葉は、人の心の意識的な活動と完全に結ばれているわけではなく、ときにはいちど事物と結ばれた言葉が、何かの理由で忘れられることもある。そういうことからも、事物を言語にすることと事物を意識することとは、同じでないのが分かる。さらに、くり返せば、言語は、それ自体がまったく内容や意味から離れ、事物のイメージとして心に浮かぶことがある。それについては、言語と関わりの深い文字を考えてみるとよい。

フロイトが表象について言ったように、文字もまた何かに書き込まれるのだが、その場所は、表象と同じように心のなかにとは、すぐに言えない。それはふつう砂や木や紙のような、そとの世界の何かに書かれている。人は、まずそれを見て、他のものと区別し、やがてそれを読もうとする。それを最初に見たときの驚きと、何を表わしているのかという訝しさと、ときには不安や怖れの感情を体験するが、つまりはそれを音声によって読むことになる。ただし、それを一人でするのではない。まわりにいる人たちといっしょに読んで、はじめて言語活動のひとつになるのである。無人島で、ずっとひとりで暮らしていた人が、ある日砂のうえに何かを見つけて、「足跡だ」と叫んだとしても、彼はそこに残された人の足跡を、そう一人で読んだわけではない。かつてともに生きていた、記憶にある人たちといっしょに読んだのである。

文字は、ふつうは音声と結ばれて、人々にその意味が分かると、ある国語のなかの言語として通用するとされている。しかし、文字を表象としてみるなら、それが読まれて、音声と結ばれても、意味が分かったとは言えない。人類の文化のなかには、人々が完全に読むことのできる体系的な文字をそなえた国語をもつものあるが、文字と意味についての事情は同じである。言語は、音声と文字とをともに用いた記号体系であるが、言語表象は、もともとすべてが意識的ではなく、事物表象としての文字は、すっかり無意識的でもありうる。意識的とは、その場合、人に意味が分かるということで、無意識的とは、それが分からないことである。文字は読まれる前に、書かれるものだが、それはいま言ったようにそとの世界の何かに書かれる。しかし、言語表象のひとつとしてみるなら、それはそとの知覚をとおして、やはり心のなかに書き込まれている。つまり、それは人が書いたものでありながら、意味が分からないものとして心に与えられ、そのまま心に残るのである。そこで、無意識的とは、さらに言うと、そとに書かれた文字の性質ではなく、心のなかにあって意味の分からない文字が書かれている場所を指している。

人がはじめて文字に接したとき、それは何かの姿や形として目に映る。その外見が伝える意味は謎であるが、文字は他のものと区別されて、人に衝撃を与え、人の興味をひき、心に刻まれる。意味が分からないといっても、それは言葉ではっきり言うことのできる意味で、いわば明示的な意味のことである。だが、それが分からないのは、意味がないことではない。意味は、人が心に与えられた表象に反応して生まれるのだが、いつもそこから明瞭に言葉にできる論理的な内容が生まれるとはかぎらない。表象からは、心の感情的、情緒的な活動を促す内容も生まれるのである。このとき、その表象は、明示的な意味を生まないにしても、意味の効果をもっている。意味は、表象に反応する心の活動のそうした両面から生まれる。文字は、やがて人に読まれて、言語活動に加わり、同時に姿や形としてとどまり、大きな役目をはたす。いわば、言語活動をする人の心に、ものの外見としての表象を与えながら、独特な意味の効果を生むのである。

「気」についてみると、文字としてそれが伝えられたとき、日本にはその意味を表わす言葉はなかった。日本人は、それを読む中国人の音声に倣って、はじめは多く「ケ」と読み、やがて「キ」と読んだ。「気」は、そう読まれているうちに日本語になったが、他の漢字と同じように、はじめはその意味が謎であったろう。その文字は、当時、中国ではすでに長い歴史を経て、今日知られているような意味をもっていた。それは、現在の中国語や日本語の辞典のなかにはっきり示されている。日本には、その文字が、明示的な意味より前に形の外見として紹介されたのである。その後、「気」は、日常語として広く使われているうちに、その表現から新たに加わったニュアンスはうかがわれるにしても、日本語のなかで、その意味が大きく変ったことはないと言えよう。われわれは、今日も、中国人が長くそれに与えてきた意味を受け入れているとみてよかろう。それは、あらゆる現象を生じさせる物質としての一元的な性質を、最後まで保つと考えられる。

ところが、欲動は、それ自体が何らかの物質と考えられることはない。「気」と同じようにエネルギーとみられて、それが働くとき、かりにいわゆる脳神経系細胞の刺激伝達物質の動きが活発になると考えられても、それ自体が実在する物質とみられることはない。あくまでも人にそなわる心的な力の関係を考えようとして、その機能にあてられた抽象的な用語である。そのために、心に描かれる表象が取りあげられ、しかも表象の本性は一つではないとされたのである。表象は何かのイメージとして描かれ、心の想像する働きによるものであるから、もともと実在する物質によっては確かめにくく、逆に、物質は心に描かれるイメージとのつながりをたどりにくい。「気」は、エネルギーといわれるが、そもそも力をそなえた物質とその運動を前提にしているので、表象とは関係がうすく、その動きによって人の心に浮かぶイメージがたどる過程を考えることはできない。「気」を用いた日常表現が、表象をわきにおいて、とくに情動や情緒など、外界の刺激に対する感覚的な反応によって生まれる心の状態に向けられたのはもっともだと言える。

表象が事物と言語になるのは、前に言ったように、フロイトの理論に一貫する二元論的な背景に連なる。二つの表象と関わりの深い意識と無意識もそうであるが、欲動そのものについてみると、初期の性欲動と自己保存欲動では、後者が自我欲動と同じものとみなされ、性欲動と対立していたが、やがてそれは根本的な対立とはみなされなくなり、性欲動と自我欲動が、ともに破壊欲動あるいは攻撃欲動に対立するとみられるようになった。そして、欲動が最後に対立する二つになるのは、生の欲動と死の欲動である。こうして、欲動についての二元的な見方が行きついたのは、生と死の欲動であった。二つのうち、生の欲動は、前の性欲動や、一般にエロスと呼ばれるような人の精神活動から理解されやすいが、死の欲動は、言われた当初から疑いがもたれ、評判もよくなかった。しかも、フロイトは、最後までその主張をまげずに、人における生の欲動にもまして、それを強調していた。

死の欲動は、文字どおりには、生命体としての人のなかにあって、人を生から死に向かわせるような力と受けとれる。しかも、フロイト自身が、一般に生命体には以前の無機的な安定した状態に向かわせようとする力があるという、生物学もどきの見方を表明していた。だが、生命体についてみると単細胞のそれからして、すすんで死に向かわせる力が働いているとするのは、事実に反するようだ。今日の生物学者で、死の欲動を文字どおりに認める人はいないだろう。一方、表象との関係でみると、死の欲動は、生命体のじっさいの死とは、まったく違った意味をもつようになる。表象は、事物や言語になった欲動が形や姿として心に描かれたものだが、欲動は、すべてが表象になるわけではなく、そのままエネルギーとしてとどまる力がのこる。さらに、事物表象は、すべてが言語表象に移り変わるわけではなく、感覚的に受けとったものが、そのまま言語化されずに存在する場合もある。それは事物といっても、言葉にならないまま、いつまでも名がないのだから、たんに目の前にあるとしか言いようがないものである。その意味で、正確には事物表象とも言えず、表象化されない事物とでも呼べるものだが、それが欲動のたんに量的なエネルギーとも違うのは、人の心がそれについて想像するのをやめないからである。このように、表象については、それがしかとした事物としてないにもかかわらず、何かがそこにあることが考えられる。フロイトは、若い頃、すでにそのようなものを、かつて「身近な他人」から受けとったものが「知覚の複合物の一部分」として残り、それが「もの」として現にある何かになるのだ、と言っている。[2] そして、この「身近な他人」の末裔である「もの」が、ずっとのちの死の欲動と密接につながっている。

というのも、「知覚の複合体」のある部分は、やがて「記憶活動」のなかでそれとして「理解され」「認識される」ようになって、「判断」の対象になる。つまり、言語表象に結ばれて、言葉の世界に入る。しかし、そうでない「もの」は、現にありながら、いわばいつまでも人の世界のそとにとどまっている。人の世界とは、言葉という記号によって作られている世界だからである。人は、たんに生命体として生きているのではない。人にとって、記号のそとの世界は、死の世界である。言葉は、記号のなかでも象徴と呼ばれる記号の一つであり、そう呼ばれる記号の集まりが、この世を人が生きる世界にしているのである。しかし、「もの」は目の前にありながら、その世界のそとにある。言葉の世界は人が生きるたった一つの世界であるが、人がそこで生きるかぎり、「もの」は、いつもそこにないものとして、人にとっていわばその死をあらしめている。しかも、欲動のエネルギーは、そこを離れることはない。すなわち、それは死の欲動と呼べるのである。

こうして、死の欲動は、人がじっさいに死に向かおうとするのではなく、人とその世界にはない何かとの関わりを指している。フロイトは、その何かに関連して「最初の充足体験」ということを言っているが、「もの」は、その体験のさいに受けとった知覚の複合体の一部だろう。人は、それをいつまでも追い求め、それはじっさいこのうえなく「現実的に」、いつも人の目の前にあるのだが、ただし、人の世界でそれをつかむことはできない。そのことが、人の死を意味しており、死の欲動には、むしろ、そこから逃れようとする必然性がふくまれている。つまり、そこには人がじっさいの死から遠ざかり、言葉の世界に生きようとする傾向がふくまれている。いま言った、彼の「充足(体験)」は、のちに死の欲動に初めてふれた論文「快楽原則のかなた」における「快楽」とは別のものである。たしかに、死の欲動は、快楽の向こうにある何かに向かおうとするが、それは何もないという体験によってしか与えられないもので、人はそれを十全に体験することはできない。だから、人はその手前で立ち止まらなくてはならないが、快楽は、そこにおいて人が手に入れようとするものである。人は、現実的でありながら、ないものとしてある何かを手に入れることができないので、言葉の世界のなかで、想像する力にたより、せめて心地よいものによって緊張を和らげようとする。それが成功したときに体験されるのが、快楽である。「最初の充足体験」は、快楽によってふたたび実現するのではなく、むしろ、ラカンが、のちに「享楽」という言葉で指した体験に近づけてみるべきである。

　そのように、死の欲動は、人を目の前にありながら、人の世界にあることができないものに直面させる心のエネルギーであるが、人はやむなくその手前で立ちどまらなくてはならないので、人がそこにおいて生きようとする、生の欲動と密接につながっている。フロイトは、生の欲動を、ひろい意味の「エロス」という言葉で表そうとしたが、それはむろん現在の日本語で言う「愛」や「性」をふくんでいる。同時に、もっと一般的に、それは「生きるものすべてを、生きるものとして保ちながら、お互いを結びつける力」を表わしている。それは、人が人の世界のなかで生きるように促す欲動である。愛と性も、そこにおける現象である。生と死の二つの欲動は、人の心のなかでかたく結ばれているとともに、お互いにあくまでも対立しているので、人については、二つの両立と対立をぬきにして考えることができないほどである。また、それは人の心のなかのありさまのみならず、人が生きるありさまそのものを反映している。

二つの欲動の両立と対立が、精神分析の立場から「気」を考えるさいにも、その前提になるのは、もう断るまでもないと思う。それは前に使った言葉をくり返せば、自然と文化と人間の関係にそのままつながっている。三者は、いずれも他の二つがなければ考えられないが、また、それぞれが根本的に対立している。ここで、三者のうち、およそ人の手が入ったあらゆるものを文化のなかに入れて、そうでないものを自然と呼ぶと、三者の対立は、自然と文化のそれになる。かりに、対立を煎じつめるためにそう言うなら、欲動は、人の心における自然と文化の関係をそのまま反映しているのである。また、ここで人を人として他のあらゆる生物から区別する言語活動をもって文化の根幹とすれば、人の手になるものを代表するのは、言葉であると言うことができる。それゆえ、人が自然を離れて作りあげ、そこで生きている文化の領域は言葉の世界であり、欲動は、そうした領域と、どうしてもそこに統合できない領域とを表わしているのである。それはエネルギーとして、ある一つの本質をもつとみられることがあっても、そこには、いわば連続していない二つの要素が働いている。

一方、人の心は、「気」によってさまざまに動く。しかし、われわれはそのときどきの「気」が、人の心に生まれるイメージとどうつながっているかを探ろうとはしない。その背景には、「気」が活動している森羅万象の宇宙では、自然と文化が両立も対立もしていないからである。言うなれば、両者は連続して、一つのものになっている。そのことが人の心に反映して、表象は事物や言語にならずに、わきにおかれている。

だが、日本に伝えられた「気」が、文字や音声としての言葉であり、それが日本人の心にいまも言語の表象としてあるのは明らかである。当初、日本には「気」にあたる言葉がなくて、われわれは、それがどういう事物につながるかを想像することができなかったが、やがて中国の人や文献から知ることができた。しかし、われわれは、それによって「気」が指している、現実に存在する事物を知ったわけではない。むしろ、「気」という言葉に、事物として出会ったと言うべきである。一般に、事物もまた、人の心には事物の表象として与えられ、現にあるとおりのものではない。そこにあるのは、現実に存在する事物ではなく、そういう事物と事物の表象とは別のものである。そして、後者が、やはり表象としての言葉に心で結ばれるのであるが、今度はその言葉が現実に存在する事物とどういう関係にあるのかが問題になる。事物の表象が、現実に存在する事物でないからには、言葉と現実に存在する事物が違うのは、言うまでもなかろう。

それにしても、われわれは、ややもすると言葉がそのまま現実に存在する事物を指していると思いやすく、たとえ疑いをもっても、そうであるのを求めてやまない。われわれは、いつも心のなかにあるものと、そとにあるものを一致させようと努めているのである。表象についてみても、言葉は、言語表象として、心のなかでは事物表象としてもありうるのだが、そうした言葉を、現にある事物そのものと思おうとする。また、言葉と現実に存在する事物がまったく別のものであるのを認めながらも、言葉は現にある事物にぴったり対応しているのだと主張して、それを認めさせようとする。そんなとき、われわれは、当然ながら、「経験」と呼ばれているこれまでの行動や、そこから得た人々の知識に頼ろうとする。だが、人がそういう経験から、言葉と事物が一致しているのを他人に認めさせるには、やはり言葉によらなくてはならず、それは一般に「論証」と呼ばれている。人の心を探ろうとする言葉についても、むろんそういうことが言える。

さて、「気」については、どうであろう。日本人は、その言葉を中国語の音声と漢字によって、はじめて知った。その前は、それが現にある何かに対応しているかどうか、またもし対応しているなら、どのようにしてかを考える必要がなかった。やがて、表意文字で書かれたその言葉について、中国人から聞き、あるいは文献で読んで、意味を知った。それは、日本人が「気」についてもった経験の始まりであるが、以後、日本では、その言葉の意味について何が明らかになっただろうか。つまり、その言葉に対応する何かが現実に存在するのが、その言葉に意味があることだとすれば、そのことを経験から明らかにするために、どんな論証が行われたろうか。「気」は、日本で、それほどの反応をひき起こさず、影響も少なかったようである。人々は、ここで「気」を日本語として採用したが、それが何か現実の存在に対応しているかどうかを明らかにしようとはしなかった。だから、「気」は、中国から伝えられた漢字の意味が、ここで根本的にそのまま生きている。つまり、それは、中国語の音声や漢字から知った言葉の内容が、ここでは知識として、そのまま意味の役目をはたしているのである。

「気」は、日本語としてもとの意味を失わず、言ってみれば、漢字としての意味には手をつけられることなく、人の心についての表現に多く用いられるようになった。少し日本語に親しめば、だれでも、その表現がまことに驚嘆すべきほど広く、豊かであるのを認めるはずだ。しかし、われわれが日常表現で、例えば「気が晴れる」「気をまわす」「気にかける」などと言うとき、「気」が、ここでの経験から現にある何かに対応しているのが明らかにされたと、本当に思っているのだろうか。どうもそうはみえないが、とにかくそれは中国語として、意味をもった言葉である。そこで、われわれが「気」についてもった経験とは、その意味を知り、それを受け入れて、日常表現に利用したことである。あるいは、中国におけるその意味には長い歴史的な経緯があるので、それについて多少とも正確な知識をもっていたのは少数の日本人にちがいないから、多くの人々がお互いに他人の言葉を真似ているうちに、広く利用されるようになったのだと思われる。

とはいえ、「気」は、たとえ事物表象に近い外国語の文字として伝来したにせよ、それが日本語として使われているうちに、日本人の心に言語表象を生む。そうして、「気」は、はじめて日本語としての意味をもつ。それには、人の心の想像する働きが関与しなくてはならない。だが、「気」についての日本人の想像力は、すでに中国人から得た知識によって、枠を与えられていた。また、それまで日本人が事物表象を言語表象に結んでいた国語の経験からは、「気」について得た知識に、つまりその漢字がもつ意味に、逆らうものは見つからなかった。そこで、漢字について教えられた意味が、同時に日本語の基本的な意味にもなったのである。日本人がそれを受け入れたのは、かつてその漢字に出会ったことがなく、以後も、その意味を論証という日本語による作業によって明らかにしたことはないにせよ、日本人の心には、すでにさしたる抵抗もなく、それを迎え入れる想像的な観念の土壌が用意されていたからだろう。

こうして、天地のあいだに起こる自然現象から出発して、人間の身体と心をふくめた自然界全体の構造と機能を説明するための鍵となった「気」は、日本語で、とくに人の心にふれた日常表現に利用されるようになった。そこからは、ここであまり抵抗を受けずに肯定される、人の心についての見方がうかがえる。その根本は、人の心を動かしているのが自然の力だ、ということである。

それはそうとして、ここでふたたび、人は言葉を発明し、それを使う存在であると言わなくてはならない。「気」も、また、中国や日本で人が使う言葉である。「気」は、形がなく、目に見えないので、人はそれ自体を知覚できないけれども、じっさいに存在する物質とみられている。ある人が、それをもしそれ自体として知覚することができれば、そうできるのは、それが実在しているからだと言えば、だれでもそれを認めるだろう。しかし、その場合でも、その人がいなければ、それは実在することができない。そこで、「気」が、ここで宇宙の万物を指す自然に遍在するからといって、そのことから自然と人とが一つであると言えるだろうか。すなわち、「気」が人の使う言葉であってみれば、それについて語る人を問題にしないで、それについて語ることができるだろうか。人がそれについて語るものと、それを語る人とは別の存在である。ある人が、宇宙は一つの実在物からできていると言ったとたんに、宇宙は一つでなくなる。なぜなら、そう語った人と、実在物とは別のものになるからである。同じように、「気」は、いつもそれを語る人のそとにある。それゆえ、ある人が、「気」によってその人の心を表現したところで、その人について何かを言ったことにはならないのである。

欲動についても、まったく同じである。それはエネルギーとみられても、物質として存在すると言われたことはない。それは精神分析を進めていこうとすれば、それからいっときも目を離せないにもかかわらず、だが、それは精神分析家の「神話」であると、フロイト自身が言っている。欲動は、そもそも実在が認められている何かではなく、言葉によって作られた虚構的な観念である。それでも、実在する何かに対応しているのだと言って、それを認めさせたいなら、精神分析の経験を言葉でたどりながら、意味の一貫性を実現していく論証力に頼る以外に手はないのであるが、それがまた、見当もつかないほど難しいと言うのである。

欲動も、「気」と同じように、それを言葉で語る人のそとにある。しかし、フロイトが語る欲動は、「気」によって支配される心についての見方とは違うところに立っている。それは、欲動が生む表象についての説明からも明らかなように、人が使う言葉と、それを使う人とをはじめから分けているところである。欲動は、それ自体が実在物ではない。実在物は、それが現実的であるという本質をもっている。フロイトの表象は、もともとそれが現実的ではないという前提に立って、にもかかわらず、人はそれを実在物のように扱うことがあるのを問題にしている。事物表象は、人が心に描く、まだ言葉にならないイメージで、たとえそれが直接に目の前に現れるにせよ、実在物そのものでないのは分かりやすいが、言語表象については少し付け加えなくてはならない。欲動が生む言語表象は、ふつうはある人のいわゆる母国語である。それは、一般に人が自然から離れて作りあげた文化の根幹、あるいはその代表である。そして、それは実在物そのものでないばかりか、ふつうは事物表象のもつ直接の現前性からも遠ざかる。しかし、それも人の心で、実在物そのものとされることがある。表象が、実在物のもつ現実的な性質を強めるのは、そこに心の想像する能力が働くからである。

ところで、そのことを「気」が働いている森羅万象すなわち自然界全体についてみると、やはり両者とも、それを語る人とは分けてみなくてはならない。両者が、たとえ実在する何かを指そうとしても、それは現実とは別の何かである。われわれは、よく自然をわれわれのそとに実在する何かだと思うが、「気」も自然も、人の言葉として、文化のなかにある。フロイトの表象は、人が現実的なものとばかりでなく、言葉とも一つにならないのを知らせている。言葉は、人が発明した最強の道具である。文化は、その道具と、それを手段とした他の社会的な象徴体系からできている。自然も「気」も欲動も、むろんそこにある。しかし、それらは実在するものではなく、現実的なものでもない。自然や文化が、ともするとと人のそとに実在しているようにみえても、じつは人の想像力が言葉と結ばれてできたものであり、それらは現実的ではない。とはいえ、現実的なものも、また人のそとにある。けれども、人は、言葉を根幹とした象徴的なものにも、現実的なものにも、想像力によって、同時につながっている。人が想像するのは、人の心の活動そのものと言ってよいが、何かを好き勝手に想像するわけではない。そこから生まれるイメージの内容には、象徴的なものと現実的なものが、ともに関与している。そのように、ともに人のそとにある両者が、人の心において相互につながるのである。「気」は、宇宙のなかで万物と人を、その一元的な原理によってつなげる。そのとき、「気」の原理は、もっぱらその働きについて言われて、表象とは関わりがない。しかし、人の心の活動が何かを想像することであってみれば、そのとき心に描かれるイメージを無視することはできない。象徴的なものも、現実的なものも、イメージとして描かれたとき、はじめて人の心の現象になる。そして、あらゆる社会的な象徴体系は、イメージをとおして人に関わる。人は、それを心に描いて作りあげるが、同時に、その象徴体系が、イメージの集合としての人の心を作るのである。一方、「気」は、万物に一元的に働いているものとして、たんに人のそとにある。それは心のイメージに目を向けないので、まさしく人のそとにある言葉や文化について、人とそれとの関わりを解明することができない。だが、精神分析がしようとしているのは、まさしくそのことである。

フロイトの表象においては、言葉のイメージと、そうでないイメージが峻別されている。人の心のイメージが、おそらく動物たちのそれと違うのは、その内容が言語と事物に分かれて、人は事物のイメージに対しては、ただ沈黙するよりなく、その沈黙を伝えることさえ、言葉によらなくてはならないことだろう。ある人が、だれかについて「あの人は黙っている」と言う。そのとき、はじめてその人の沈黙が実現する。同時に、言葉とその人のあいだに距離が生まれるのである。「気」は、あらゆる現象を生みだしている素材とされ、その働きによって、そう名付けられた。それが言葉の一つであるのは、それを使った日本語の数多くの表現が、見事に証明している。だが、慣用的な表現の豊かさは、かえってそれが中国から伝わった言葉であるのを隠してしまう。そして、ともすると人々は、それが中国で宇宙の究極的な実在物とされているのを聞き知ると、それはそういうものかと思い、それ以上は詮索せずに、いわば意味を放置して、そのまま利用する。その結果、あとの残って活発に働き続けたのは、「気」という漢字の外見と、日本語としての音声である。しかし、「気」は、どれほど多用されても、それだけでは人の心の働きを明らかにできない。

欲動は、たんにそれが一つの言葉であるのを知らせているだけではなく、それによって人の心における、欲動と言葉との関係そのものを明らかにしようとしている。ここで、そのことは人の心の働きと、人がそれによって生きている言葉とが、つまるところ一つになれないという見方となってあらわれている。大ざっぱに言うと、人間と文化のあいだにはどこまでも解消できない溝や、行き違いがあるということである。といっても、人は文化のそとに生きることはできない。そこで、人は、現にある事物そのものを、すなわち現実的なものを、言葉のとどかないところに追い出してしまわなくてはならないのである。言語表象は、あくまでも表象であって、言葉そのものではない。同じように、事物表象も、事物そのものではなく、現実的なものでもない。事物そのものは、フロイトやラカンが、たんに「もの」と呼んだものに近い。

欲動は、たんにそれ自体であるのを否定して、イメージとして再び生まれたものを人の心にさし出す。人は、それについて語ることはできる。ここで、人が語ることができるのは、人がそれについて語るものだけであるという、自明な事柄を思い起こしてみたい。そうすれば、人はイメージとしてさし出されたものが、じっさいにあるかないか、実在するかしないかについて、思いめぐらしてもはじまらないのが分かるだろう。むしろ、イメージが伝えているのは、人には何かの実在をはじめから直接に体験することはできないことであろう。だから、人はそれを語ることができるものとして、語らなくてはならない。精神分析は、事物や言語の表象について、そうやって語るべきだとしているのである。

第三章　「気」と「心」

Ｉ　音読みと訓読み

日本語には、「気」のほかに、人の心の動きや状態を表わす言葉として、まさにその「心」という言葉がある。「こころ」は、漢字が伝わる前から、すでに音声としてあった日本語である。それがどういう意味であったか、正確には分からないので、今ではそれと音声面でつながりのある古代の日本語や、表記するのに採用された漢字の意味をとおして推測するしかない。「こころ」と訓読された漢字は、多くの国語辞典が「心」「情」「意」「神」をあげている。現在は、だいたい「心」と表記されるようだが、『万葉集』では「心（一三〇例）」と「情（一一二例）」は、かなり拮抗していて、ほとんどがこの二字で占められている。[(1)]「こころ」と音声面でつながりのある言葉には、動詞の「こる（凝る）」がある。民俗語や古代日本語の研究者には、そこで「こる」と「こころ」が語源的につながると考える向きもある。

漢字の「心」は、もともと心臓の形を描いた象形文字で、そこで人の精神活動が行われるとされていたことから、「知」「情」「意」のすべての働きが生まれるところとなった。また、それが身体の中央にあるところから、まん中にあるものや物事の中心を指すようになった。漢字の研究者のなかにも、心臓という臓器の性質と日本語の「凝る」を結びつけて、漢字の「心」と音声の「こころ」の対応関係を、こう述べる人がいる「(心臓の象形としての心は)強い筋肉によって、凝り固まった形を示している。国語の『こころ』が『凝るところ』の意であるのと対応する。神・情・意などの字を『こころ』と訓するのは、心がそのような精神作用の場所と考えられたからである」(2)。しかし、以上の説明はむろん確証できるわけではなく、現在の日本語の「心」と、漢字が表わす身体の臓器との語源的な関係が、どのくらいその使用法に尾を引いているかについても、にわかにうんぬんできそうもない。

ひとつ明らかなのは、日本語の「こころ」が、「心」という漢字を採用してからも、それが「気」と並んで、人の精神活動を伝える表現において豊富に使用され続けていることである。「気」が、漢字の音読みのまま使用されているのに対して、「心」は、「しん」と音読みされて「心情」「心中」「安心」「闘争心」のように他の漢字と結ばれている場合もあるが、多くは「こころ」と訓読みされて、日本語の述語的表現のなかで活用されているから、それは当然のことである。「心」は、「気」と同じように、それを使用した表現は多岐にわたっているが、同時にその内容も、少し大げさに言えば途方にくれさせるほどの多義性をもっている。今日刊行されている日本語の大辞典や古語辞典は、それを大体三〇通りほどの語意に分類しているが、それぞれの慣用句や、他の言葉と合して一語になった例を入れると、「心」に関係する日本語の語句は、一三〇〇から一五〇〇に上るそうである。多義的な「心」が人の精神活動にかかわるとき、そこに何か共通する特徴はないかと、やや乱暴に探ってみると、「心」は「気」に比べて即物的な性質がうすく、むしろ無定形のままに流動する、いっそう感覚的、情緒的な、感情の表現に向いている面がみえてくる。しかし、それはあくまで表面的な印象であって、もっとよくみると、言葉の使われ方の面で、「気」と共通するところが現われてくる。それは、どちらも人の精神状態や感情の動きを描写する表現の素材として使われているという面である。

人の精神活動にかかわる「心」の語意は、たいていの国語辞典が「感情、意志、理性などの精神活動をつかさどると考えられているもの」としている。なかには、「精神活動を知、情、意に分けたとき、知を除いた部分をつかさどるもの、すなわち喜怒哀楽、快不快、美醜、善悪などを判断し、その人の人格を決定すると考えられるもの」としている例もあるが、「知識、感情、意志の総体」とするのが一般的だろう。その語意は、「人間の精神活動の根本になる知、情、意などの本体」とする漢和辞典（『大字源』）の説明とも一致している。「心」は、その面で、中国でも今日の日本語とだいたい同じような意味で使われてきたとみられる。しかし、そういう説明だけでは「心」について、とくに日本語の「心」について分かったとは言えない。あくまで、それは「心」を使った日本語の慣用句や関連する語句の表現から類推した結果にすぎない。

もし、今日の日本語から「心」という言葉が消えてしまったら、「知」「情」「意」と呼ばれているような人の精神活動の表現はできなくなるだろう。それだけに、「心」は、その意味をもっと尋ねられなくてはなるまい。言いかえると、それをたんに表現の素材として利用するだけでなく、内容を分析することが必要だと思われる。ここで、分析するとは、意味を明らかにしようとすることである。たしかに、中国でも、「心」は昔からその意味を尋ねられ、説明されてきたし、日本語でも翻訳によってそれを知ることができる。しかし、中国語における内容の分析は、ここで言う精神分析のそれと、同じではない。そのことを、一例にすぎないが、一三世紀の宋時代の朱子学者陳淳の『北渓字義』から伺ってみよう。

陳淳は、「心」の項の一節でこう述べている、「性は理であり、完全に善であって悪いものはない。心は理と気とを含んでおり、理はもちろん、完全に善であるが、気は善と悪の両方を含んでいるから、心は完全に善い物とはいえず、動くと善くない方向に向かって行きやすい。心は生き物であって、死んだ物のようにじっとしてはおらず、とかく動きたがる。心が動くのは気に乗じて動くのである」(3)。上の説明には、「性」「理」「気」あるいは「善」「悪」のような、さらに説明が必要な漢字が含まれている。「性は理である」と、二字の関係を示されただけでは意味が分からない。そこで、「性」の項をみると、最初にこう書かれている、「性は理である。なぜ理といわずに性というのであろうか。思うに理は天地のなかの人や物が具えている公共の理を、広く全体にわたっていうのである。性はわれわれ人間に具わっている理である。この道理を天から受け取って、われわれ人間が所有しているので性というのだ。性という字は生と心とからできている。人が生まれて来て、この理を心に具えて、そこで始めて性と名付けるのである」(4)。また、「理」の項の一節には、「理と性とを対比して説くと、理は物に具わっている理であり、性はわれわれ人間に具わっている理である。物に具わっているのは、天地人物の公共の道理であり、我々人間に具わっているのは、この理が我々人間に具わって、我々の所有物となったものである」(5)と説明されている。同書は、「気」について一項を設けていないが、それはくり返し述べるように、万物を構成して宇宙の生成にあずかる、流動する究極の実在物である。

そこで、あらためて「心」の項から、それらの関係をふり返ってみよう。かいつまんで列挙すると、こういうことになる、「人は天地の理を受け取って本性としており、天地の気を受け取って身体としている。理と気が合わさって、始めて心ができあがり、虚霊知覚が生じる。これが一身の主宰となっているものである」「心はちょうど器物のようなもので、中に貯えられているものが性である。その心の中に具わっている理が性なのである。つまりこの具わっているものが心の本体なのである」「心には本体があり、作用がある。寂然として動かないのが心の本体であり、感じて遂に通じるのが心の作用である。本体というのはいわゆる性のことであり、心が静かな場合をいうのである。作用というのはいわゆる情のことであり、心が動いた場合をいうのである」「心が霊妙なのは、理と気とが一緒になっているから、霊妙でありうるのだ。しかし霊妙とはいっても、心がひじょうに立派だというのではなく、心のはたらきが推し量れないのをいうのである。出て言ったかと思うと、突然入ってきて、その出入に決まった時がなく、こっちにあるかと思うと、突然あっちにあり、決まった居り場所がない」。まとめてみると、「理」は、あらゆる事物が従っている、不変の法則であり、「気」はそれを実現している物質的な実在である。その「気」が人のなかで働くと「性」となり、「性」は「理」に従っている。一方、「気」は万物のなかで流動しているが、人のなかでは「性」の容器でもあり、作用でもある「心」を動かしている。そして、その動きは根本的において「理」に従うものの、「気」は、「心」のなかでは善悪両方向に流動するから、「心」は、いつも善い方に向かうとはかぎらない。

以上は、いわゆる朱子学流の解説で、時代を越えた説明ではないが、漢字による説明方法の特徴に目を向けるため、ここに長々と引用した。語られているのは、文字と文字の関係である。もともと表意的な漢字は、それぞれの文字が意味をもっているが、つまるところ、それらの文字が読む者を説得し、納得させるための拠りどころになっている。表象は、個別的な文字のあいだを行き来して、それぞれに独立した文字の関係が説明されるが、ある文字が別の文字につながるのは、推理によってではない。つまり、記憶された文字の表象を感覚的に結びつけることによって文字がつながり、推理は読む者にそれができる、その範囲内で行われる。文字は、総じて推理する余裕を与えず、最後までそれ自体として、読む者の感覚に対して自己主張している。説明文のなかで、そのように文字が説得の拠りどころになれば、文字は人の心のなかで支配力をふるうことになり、つまるところ、文字のそうした支配は、文字の姿形の支配となる。そこで、説明文の秩序は、表象のあいだの推理の体験からではなく、文字の姿形から、その記憶をつなぎ合わせることによって生まれることになる。

推理は、一般に、認識を裏づけする一つの働きと見られている。しかし、感覚もまた、認識にかかわり、その裏づけをする。古代ギリシアでは、紀元前四世紀に人の心の働きについて、はじめて一般的に論じた著作が書かれ、日本語でも『心理学』『デ・アニマ』『霊魂論』『心とは何か』など、さまざまなタイトルで翻訳されているが、著者のアリストテレスが、そこで人の心の働きを「感覚」と「思考」に分けたことはよく知られている。「認識」についても、むろん言及されているが、それはちょうど「感覚」と「思考」の中間に位置づけされていると言ってよかろう。なぜなら、「認識」は、人の心のどちらの働きによっても可能であるが、一方によるのと他方によるのとでは、はっきりした違いがあるからである。簡単に言えば、どちらの働きも人の身体と密接に関係しているが、「感覚」による「認識」は、それを生むものがそとにあり、個別的なものに向けられるのに対して、「思考」による「認識」は、それを生むものが実体としてうちにあり、一般的なものに向けられるとされている。

さらに目を向けたいのは、認識することと、知ること（知識）との関係である。表象は、心のなかに感覚なしに生まれることはなく、判断も表象なしに生まれることはない。しかし、思考することは、表象のままになることでも、それに任せることでもない。思考するのは、たんに認識することではなく、認識からえた知識について真偽の結果をもたらすことでもある。すなわち、「感覚は固有の対象にかかわり、つねに真であり、すべての動物にそなわっているが、思考することには、誤って思考することもありうるのであり、言葉をもっていないものにはそなわらないからである」[6]。傍点を付した「言葉」は、「ロゴス」であり、理性、理解力などの訳があるけれども、本書の論旨から、まさに「言葉」が適当と考える。この一節は興味深く、あえて言うなら、今日の精神分析の考えにそのまま受け継がれている。アリストテレス流には、人には言葉があり、話すがゆえに、その世界は形相と質料によって成り立っているが、また、それゆえに人は、その二つを混同することがある。つまり、ものの現実態としての形相と可能態としての質料を混同する。質料は、形相によって限定され、個別化され、はじめてそれとして感覚され、それについて話すことができるので、純粋な質料は、知ることも話すこともできない。にもかかわらず、人は個別的な現実態と、知ることのできない普遍的な可能態との正しい関係を知らないでいることがある。今日の精神分析の立場からすれば、人は音声や文字の言葉を使って人の世界の一員となるがゆえに、感覚に与えられるそれらの姿形を、「もの」そのものに見立てようとするのである。

　ここで、ふたたび「心」という漢字に戻ると、それがまず感覚に与えられる文字であり、そのかぎりで精神分析が「見かけ」と呼ぶ姿形であるのは言うまでもないが、同時に、それは漢字としてすでに意味をもっているか、意味をもった見かけ（ふり）をしている。そして、その意味をさらに明らかにするため、いま一例を見たように、他のいくつかの漢字との関係について説明しようとするが、他の漢字もそれぞれに意味をもっていて、それらは個々の漢字の内部で分析することができる。言いかえると、個々の漢字は、それぞれの関係によって分析するのは非常に難しく、関係を述べているようでも、往々にしてそとからの断言と見えやすいのである。それぞれの漢字の意味が内部で閉じているというのは、例えば「心」は、それが動物の心臓を描いたもので、つまるところ文字の意味はその姿形から発して、そこに戻り、「理」は、「玉」と「里」から成り、「玉」は宝石や貴重なもので、「里」はさらに「田」と「土」から成り、田地に筋目をつけることで、そこから「理」は、大事なものに筋目をつけることで、それを敷衍した範囲で意味は完結している。

　感覚は、はじめから心のなかで、ある表象と結ばれるわけではない。アリストテレスは、面白い例をあげて説明しているが、もしそうなら感覚をもたない動物はいないので、すべての動物が表象をもつことになる。そして、ふつうは表象過程があるかどうかによって、その動物に「心」があるかどうかを判定する目安にしているので、すべての動物が「心」をもっていることになる。しかし、すべての動物に心があると考える人は、今日でも少ないだろう。(7)

Ⅱ　文字の姿形

漢字は、まず文字の姿形として感覚に与えられる。そこに象形的で、表意的な面がそなわっているにしても、はじめから心のなかに、ある表象を生むわけではない。表象が生まれるのは、人の心が欲動のエネルギーによって駆り立てられるからである。やがて、それは人の心に事物と言葉のイメージとなって欲望を生むことになる。感覚的な姿形としての漢字が意味をもつのも、根本的にはその過程と結ばれている。つまり、文字の意味は、姿形に欲動から生まれるイメージが関与することによってはじめて生まれるのである。

漢字の特徴の一つは、文字があらかじめ象形的で、表意的な面の大きい姿形として、個別に独立して与えられるので、音声による言葉のイメージのつながりから意味が生まれるのを難しくしていることだろう。そのことから、文字の姿形が、それ自体としてある何かを思わせる。再びアリストテレス流に言えば、文字そのものが現実態としての形相のような見かけを、さらには形相としての実体のような見かけをもつのである。そこで、人の心の動きは、その見かけにとらわれて、漢字を使った文では、ある漢字と別の漢字の関係をとおして一貫した意味が探りにくくなる。それぞれの文字が、いわば個々に独立した見かけとして、それ自体としての意味があると思わせるのは、文がどこまでいっても、論証をぬきにした断言の集まりのようになって、全体の内容を分析しにくくしているのである。「気」と「心」は、もともと象形的な文字とはいっても、その抽象化された意味は観念的で、どちらも目に見えない。しかし、どちらもそれ自体として何かを表わしているような、姿形による意味の効果は、ずっと消えることがなかったようである。

日本語が「心」という漢字をとり入れて、それを「こころ」と読む前に、その音声によって何を語っていたか正確には分からない。しかし、その漢字が、その後に大きな役割をはたし、日本語の「こころ」の表現を広げたことは確かだろう。「心」は、「こころ」とともに、「しん」が音読みとして日本語になり、そのまま他の漢字と前後に結ばれ、多数の単語として使われているのは言うまでもない。「心」が刻んだ影響のなかでは、やはり、漢字が日本語に姿形として与えた意味の効果を見逃すことはできない。「心」を「こころ」と訓読みしてから、日本語は、この言葉をどのように扱ってきただろうか。

『古今和歌集』は、漢字が伝えられてから二〇〇年ほど後に、最初の勅撰集として編まれたが、その仮名書きの序文に、ちょうどよい例がある。そこの「心」の使用法は、今日までそのまま生きているとみてよいだろう。

「やまと歌は、人の心を種として、よろづの言の葉とぞなれりける。世の中にある人、ことわざ繁きものなれば、心に思ふことを、見るもの聞くものにつけて、言ひ出だせるなり。花に鳴く鶯、水にすむ蛙の声を聞けば、生きとし生けるもの、いずれか歌をよまざりける。力をも入れずして天地を動かし、目に見えぬ鬼神をもあはれと思はせ、男女の中をもやはらげ、猛きもののふの心をも慰むるは歌なり」[8]。同じ和歌集に、「心」が使われている例は多いが、序文のすぐ後の有名な二首をあげてみよう「人はいさ　心もしらず　ふるさとは　花ぞむかしの　香ににほいける（紀貫之）」「世の中に　たえて桜の　なかりせば　春の心は　のどけからまし（在原業平）」。

全体として読めば、序文は主張文であり、情景を描いた写生文ではなく、論述的な性格をもっているが、和歌は、景物に託して感情を表出したり、心の状態を伝えたりする写生的な特徴をもっている。ここでは、両者とも「心」の内容を分析する必要はない。しかし、どちらの文も、日本語の「心」の内容を窺わせてくれる。しかも、「心」について、日本語でこれ以上に分析を進めて、語られたことがあるかどうか考えさせてくれる。

序文は、冒頭に「心は、歌の種である」と言う。「種」とは何だろう。『日本国語大辞典』（小学館）には、例文として、ちょうどそこが引かれていて、「物事の発生するもと、根源。原因」

とされている。また、他の項では「物をつくる材料」「手段を施す材料」「物事のよりどころとするもの、準拠する基（もとい）になるもの」などとされている。もちろん、具体語としては、植物の種、動物の精子などである。歌は、見るもの聞くものや思うことを詠んだ言葉なので、歌の種である心は、また言葉の種である。すなわち、心は、言葉のもと、原因、材料であり、拠りどころとなるものである。だが、その心は、何を拠りどころにしているのだろうか。それを探るためには、心を分析していかなくてはならない。つまり、心というものをさらにいくつかの要素に分けて、要素間の関係を調べてみなくてはならない。例えば、古代のギリシア語で行われたように、心は身体を土台にしながら、少なくともその働きにおいて、感覚と思考に分けられる。少し詳しくみると、そのあいだに表象が生まれるが、それら三つの現象は区別され、けっして混同されてはならない。しかも、お互いは密接に関係しあって、全体の働きを実現している。(9)

ところが、「心」という文字が、個別的でありながら、それ自体として全体的な何かを表わしているような思いが広がると、それは一個にして独立したものになるので、その内容を、もうそれ以上は分析できなくなる。極端には、「心」の内容を支えているのは、「心」という言葉の音声と文字だけになる。「心」という文字が日本語になって起こったことは、じっさいそれに近いことだと思われる。序文と二首の歌には、「人の心」と「春の心」が言われている。たしかに、「心」について「人」と「春」を同じものとする見方は特徴的であるが、「春の心」とは、春における人の心であろう。そういう表現から、日本語における人と自然の情景との一体感や自然との没我的な交感が、その内容として、くり返し指摘されてきた。しかし、人は、見るものや思うことを、そうやって言葉で歌う。そこで、すでに人と言葉とは別の何かである。だから、人は、言葉の「種」と言われる「心」とも別の何かと見なくてはならない。さらに、「心」は言葉の原因ではなく、もとい（基）でもないだろう。そして、「心」が人を規定しつくすものでもないだろう。おそらく、それを説明するには、「心」をさらに分析しなくてはならない。そのことを忘れるわけにはいかないだろう。

「心」は、その内容を日本語で分析されることなく、その姿形から、広く大きな意味の効果をずっと生んできた。その数多い例の一つに、よく知られた歌がある「心こそ心をはかる心なれ、こころのあだはこころなりけり」（『古今和歌六帖』）。また、『ことわざ大事典』（小学館）には、次のような似た表現が載っている「心こそ心迷わす心なれ、心の駒の心許すな」。この二例も、歌やことわざだから、「心」の分析と直接に関わりがないのは当然である。「心」は、外国語でも、例えば英語ならheart、mind、soulなどのように、日常の表現のなかで自由に使われているのも言うまでもない。しかし、それは、例にあげてきたアリストテレスのギリシア語プシュケー（psyche）にあたる今日の邦訳語でもあって、こちらはずっと西欧諸語で内容を分析されてきた。だから、「心」にあたる西欧語のいくつもの単語が、日本語におけるのと同じ境遇にあるとは言えない。日本語の「心」は、それ自体が個別の内容をもった言葉のように、通常の表現のなかで広く使用されるが、別の場所でそれが分析されることはない。そこで、「心」は、日常の表現のなかで、「馬」や「桜」や「月」のような、直接に感覚できる具体的なものを表わす言葉に近づく。ちょうど、目の前のものを指す具体語のような意味の効果を生むのである。

ところで、日常の表現のなかで感覚と直接に結ばれる具体語については、さらに内容を観念的に探らなくてもよいし、内容が分析される必要もない。それが指しているものは、言葉それ自体によって、その感覚的な実在が支えられているかのようである。そこで、当然、それについて語られたものに対する批判はない。「心」についてみると、人がこれまで「心」について語ったことや、いま語っていることについて、つまり人が「心」についてもっている観念について、その真偽が議論されたり、批判されたりすることはない。日本語で「心」について語られたことは、根本的に、それについて断言された個々に独立した文の連綿とした集積である、そういう印象を消すことができない。批判するというと、日本語では往々にして非難するとか、貶すとか、はては悪口を言うという意味にとられるが、じつはそれと分析することとは切り離せない。語られたことを、さらに細かく分けて、全体の真偽を検討することである。その意味で、分析は、そのまま批判であると言ってもよいだろう。

人が「心」について語ること、つまりその内容に対応することについて検討しなければ、「心」は、いつまでも具体語のような姿形をとり続けるよりない。といっても、そのことは「心」がさまざまに形容されるのを、少しも妨げはしない。ちょうど「赤い花」や「高い山」のように、それはあたかも具体的な実在物のように形容されるのである。『一語の辞典・「こころ」』は、そのように形容された「心」を、肯定的に表現したものとそうでないものに分けてあげている。前の例は「深い心、太い心、すぐな心、すんだ心、たかい心、強い心、長い心、敏い心、広い心、静かな心」などで、後の例は「浅い心、細い心、短い心、弱い心、悪い心、狭い心、はやる心、劣る心、軽い心、けがれた心、おごる心、くらい心」などである。以上は、ほんの一例であるが、「心」に関わるさまざまな表現の例を重ねていっても、ついに「心」についての一般的な論述を文としてまとめあげることはできないようである。いわば、「心」の意味については、すべてがそのときどきの表現から分かるはずだということが、ほとんど暗黙の前提となって、じっさいは個々の表現から一般的な意味を、すなわち根底となる基本的な意味を受けとることはできないのである。

著者の相良亨は、日本倫理思想史を専門とする人で、「心」という言葉から人の生き方の「善い」と「悪い」を見定めようとしているが、その立場から次のように言うのはうなずける、「日本人は、歴史のそのはじめから、ひたすら主観的な無私清明な心情を追究し、それを十全な人間関係を実現する倫理としてとらえてきた。客観的な理法・規範を追究する姿勢は、今日なお十分な成熟をみないでいる。ひたすら心の、主観的心情の純粋性を追究してきた日本人の倫理意識は、諸民族との比較においてきわめて特殊なものである」。「善い」と「悪い」は、「赤い」や「高い」のように色や形状について述べているわけではない。それらは人の行動を律する理法や規範という、多分に抽象的な観念に関わる状態について述べていて、そこに「心」が控えている。そのうち、「すぐな」「純な」「すんだ」「無私の」などと形容されるのが「善い心」であり、「にごった」「邪まな」「けがれた」「くらい」などと形容されるのが「悪い心」である。しかし、本体としての「心」は、どのように形容されても、それ自体としてあり、その本質を語られることはない。つまり、それはさまざまに形容される範囲内で、そのつど性質を変える。そして、つねにあり、あり続けるのは、「心」という音声と文字である。

　かといって、「心」は、その動きについてもありようについても、けっして人種や民族によって特殊なところはないはずである。漢字の「心」を、日本語の「こころ」と訓読みしたのはすでに立派な翻訳であるが、近代以後は、ギリシア語のプシュケーにはじまる西欧諸語を同じ日本語に翻訳した。もし、その日本語が、中国語や西欧諸語とまったく異なった内容を表わすとしたら、「こころ」は日本語で、それらの外国語の翻訳語ではないことになり、日本語には「心について語られること（プシュケーについてのロゴス）」つまり「心理学」もないことになるが、そういうことはないだろう。だから、日本語の「こころ」には、言葉の内容性を探るよりも、それについての話し方の特徴を探るのがよいと考える。すると、それは慣用句のなかでも、倫理についての話のなかでも、あたかもそれ自体としてあって、説明する必要のない何かとして語られる特徴が浮かんできて、それは昔から近代以後まで変わらない。

夏目漱石には、その名も『こころ』と題した有名な小説がある。次の一節は、彼がその広告文に、みずから書いた文だとされている。それは、少し大げさに言うと、「心」がそれ自体として実在するという観念が、日本語のなかで近代以降に行きついた一例だと思うので、あげてみよう、「自己の心を捕へんと欲する人々に、人間の心を捕へ得たる此作物を奨む」。たいていの読者は、この一文をたんなる比喩として読むだろう。「心」は、魚や鳥のように捕えることはできないし、それ自体を目で見ることもできないのは、だれもが気づいている。にもかかわらず、その文からは、そういう比喩の表現を支えているのが、「心」は実在するものだという観念であるのが見てとれる。小説は、論述する文ではなく、大体が具体語を使った写生文からできている。そういう文は、ある対象を名指し、そのありさまを描写しながら言葉をつなげていく。そこでは、文字が名指したものを感覚とつなげることによって対象を捕えるので、観念語による推理で言葉をつなげながら対象を捕えようとするのではない。それは論述文のすることである。

ところで、「心」は、目に見えず、それとして感覚に与えられるものではなく、本質的に推理によって説明される対象である。そこで、漱石の広告文は、ありていに言えば、気づかずに嘘をついている。比喩は物事をたとえたり、なぞらえたりする表現だが、嘘をつくことではない。推理の対象は、けっして「捕へ得」ることはないのである。嘘をついたのは、「心」が実在して、名指しのできる対象だという観念が、その文の前提にあったからである。そのために、『こころ』は、「心」について何も説明していない。つまり、読者がそこに描かれた具体的な場景から、推理によって「心」を一般的に認識しようとするための手がかりがない。「心」は、小説のなかで多分に不自然につなぎ合わされたいくつもの場景から、あらかじめそとにあるものとして眺められ、それが人の口から表象として語られるものであることは、忘れられているのである。

もちろん、「心」はそこにおいて、たんに一方から眺められているわけではないとは言える。それはいくつかの面から描かれているが、つまるところさきの倫理学者が指摘するように、「善い」と「悪い」によって形容される。その性質を強調しているところをあげてみると、「平生はみんな善人なんです。少なくともみんな普通の人間なんです。それが、いざといふ間際に、急に悪人に変わるんだから恐ろしいのです」という一節がある。このところは、人の心の二面性や明暗を伝えるものとしてよく例にひかれるが、注意をひくのは、「心」との関わりからみた人についての語り方である。人について善い悪いと言ったのは、ここでは人の心の動きを、同時にそう言ったのである。しかし、心の動きは、善い悪いという性質にしばられるものではなく、そういう形容は、そとから何かに与えた性質について言うのであって、その何かとそれに与えられた性質は、それぞれに分離している。ところが心の動きについてみると、そこには心という何かが、動きとは別にあるわけではなく、心は動きそのものであって、両者は分離していない。そこで、動きは善い悪いという性質にしばられないのだから、心もそういう性質で形容されることはない。おそらく、人を善人と悪人に分けるのが単純すぎるとともに、一般に「心」をあれかこれかの性質によって形容するのが現実的でない印象を与えるのは、そのせいだと思われる。

日本語の「こころ」には、かつて「池のこころ」のように、具体的な場所を指す意味もあったが、それも池の中央のいちばん深いところで、目には見えないところであったらしい。それが「心」という漢字を採用してからは、いよいよ具体語からは遠くなった。にもかかわらず、それは「高い、低い」「すんだ、にごった」のような反対の性質を表わす言葉によって形容される。「善い、悪い」は、つまるところ人に幸福をもたらすと同時に、不幸をもたらす二面性だろう。しかし、そういう二面性によって形容できそうな言葉は、具体語のなかにもたくさんある。数多くの生物たちや水や火などの自然物ばかりでなく、人が発明した貨幣など、探せばいくつも見つかりそうである。だが、「心」は、そういう具体語からは離れた面があるにもかかわらず、日本語の日常表現では同じように形容され、あたかも個々の用法のなかに言葉の意味が尽くされているかのごとく、その動きの一般的な法則を探ろうとする面には目が向けられていない。そこで、「心」を文字どおりの外来語である「気」と比べてみると、日本語における両語の扱いが、むろん一面においてであるが、とても近づいているようにみえる。

「気」と「心」は、慣用句のなかで、どちらを使ってもよいことが多い。「気をひく」「気がはずむ」「気を許す」「気にとめる」「気が変わる」「気にかかる」「気をくばる」「気がおもい」などは、「気」を「心」に代えても、ふつうの日本語として通用する。そうでない常套句も、もちろん多いが、それらを並べて比較し対照しても、そこから日本語における両語に意味の一貫した、確かな違いを述べることはできない。

「気は心」という常套句もあるが、これなどは、そこから「気」と「心」の意味の違いを、文法的にも論理的にも探ることはできない。『日本国語大辞典』でも、『ことわざ大辞典』でも、「たとえわずかでも気のすむようにすれば心も落ち着くこと。量は少なくても誠意の一端を示したいと思うこと、またそうすればその気持ちは必ず相手の心に通じるということ。贈り物をするときなどに用いる」と、同じように説明している。そのとおりだろうが、説明のなかに説明すべき言葉がなんども使われるという、辞書の一般的短所をこえて、両語の意味の異同関係は、推測もつかないようになっている。本章のはじめには、「気」も「心」も、それを使わなければ日本語で人の精神活動を表現できないから、その意味を尋ねなくてなるまいと言ったが、どちらも辞書にある通常の意味や用法を並べても、それによって矛盾や混同を免れた意味を尋ねたことにはならない。どちらも、日本語の日常表現のなかで慣用的につかわれているうちに、個々の表現の要素となって、それに溶け込み、そのかぎりで意味のうえからも閉じており、はっきり認識された、広い一般性に向かわないという特徴をもっている。

さらに、日常の慣用表現のなかに閉ざされているのは、意味が限定されているとか、厳密だということではなく、反対に漠然として、そこにどんな内容でも盛り込むことができるようで、ついにはそれが雲散霧消してしまうのではないかと思えるほどである。人は、人が語るものについてしか語れない。「気」と「心」は、とりわけ人が日本語の表現のなかで語るものである。だが、人は、日常の慣用表現の材料としてくり返しかたっているうちに、ともするとそれらが語られるものであるのを忘れてしまう。そして、材料である言葉は、そのつど感覚的に受け入れられ、背後にあって言葉にならない何かの観念と結びつく。そのように、それ自体としてある何かのような姿形をした言葉と感覚的に同一化する精神的基盤を、はじめにアニミズムと呼んだ。人は、いつも何かについて語るが、精神分析には、人が語ろうとしている何かを詮索し、ときに異を立てることではなく、むしろ人が語る、その語り方から人の心の動きを分析することが求められているだろう。

第四章　「気」と心の病——「気」が狂う

Ｉ　「気」と象徴界

「心の病」は、ときに「気の病」とも言われ、どちらも近代の翻訳語である神経症や精神病に近いとみられる。また、病（やまい）は、一般に病気と言われ、動詞の病む（やむ）は、病気になることである。そこにも、人の身体の組織や機能の異常が「気」の動きにかかわりがあるのを見ることができる。つまり、病むとは、宇宙に遍在する「気」が、人の身体を構成し、その動静によって、人がわずらい、苦しむことである。「心の病」も、「気」のそういう動きと深いかかわりがある。それを治療する専門家のなかには、とくに日本語の「気」の用法に注目して、それを高く評価する人も少なくないようだ。

日本語では、だれそれが「精神異常者になった」と言わずに、だれそれは「気が違った」

と言い、「あの人は精神病者だ」と言うより、「あの人は気が狂っている」と言う方がふつうである。違ったり、狂ったりしたのは、人ではなく、人のなかで動く「気」であるかのようだ。精神科医の土居健郎は、そういう「気」の用法をふまえて、こう書いている、「『気の病』と『気ちがい』は、面白いことに、それぞれ元来欧米語の翻訳である神経症と精神病に相当する。しかもこれら翻訳語よりも、そしてまたもとの欧米語よりも、はるかによくこれら精神障害の本質をあらわしていると思われる。ただ残念なことに現在わが国では、『気の病』『気ちがい』の呼称を非科学的な俗語として嫌う傾向がある」[1]。このように、日本語の「気」は高く評価されているが、それが精神障害の本質を欧米語よりはるかによく表わしている、その理由はどこにも説明されていない。

それに対して、やはり精神科医の木村敏は、「気」を、人と人とのあいだにただよう雰囲気として強調し、それを「主観と客観、自分と対象とのあいだにある何ものかである」と言う。つまり、ある人が「気が違っている」とか「気が狂っている」などの表現は、その人を相手にしている人が、そこにただよう「気」を「不可解なもの」「変なもの」として、狂っていない人の方から感じとるものだと言う。彼も、広く人の「心の病」を理解するうえから日本語の「気」を高く評価して、「気という概念を有することによって、日本語は精神病を人と世界の間、人と人との間の出来事として的確に捉えることができる」と言い、そのためには、「まずもって気の概念自体を、個人を超え、個人を内に含むような雰囲気的な性質をもったものとして、的確に捉えておかなくてはならない」[2]と結論する。

ところで、日本語では、神経症や精神病について、それは「人が狂う」のではなく、「気が狂う」と言う。そのとき、狂う主体、あるいは主語は、人ではなく「気」であるということから、それが精神障害の本質に通じるとされる。あるいは、人と人のあいだにただよう「気」を重視して、それが精神障害を理解するのに貢献するとされる。たしかに、「気が違っている」とされる人の言葉やしぐさから、そこにどうにも理解できない、何か奇妙なものを感じるのは、とくに専門家でなくとも、少なからぬ人が体験しているだろう。しかし、狂った人の言葉やしぐさから、その人とのあいだにただよう「気」が、不可解で、不自然なのを、狂っていない人が感じとったからといって、そのことが「気」と神経症や精神病を、どうつなげることになるのか。たんに、「気」の概念を雰囲気的な何かとするだけでは、十分な説明にならない。

「気」は、たしかに宇宙に遍在している。しかし、それが人の身体のなかで、主体となって人を狂わせたり、あるいは身体のそとに出て、人と人のあいだにただよい、それが変なものと感じさせたりするのが、「心の病」を理解するうえの欠かせないことだろうか。そこには、まず「心の病」が、はたして「気が狂う」のか「人が狂う」のかという問題がある。「気が狂う」という日常表現には、興味の尽きない趣があるが、精神分析では、そこに選択の余地はなく、「気が狂う」のではなく「人が狂う」のである。そのことは、たんに西欧語には「気」という単語がないという理由からではない。「気」は、宇宙を構成する物質的な実体であるが、心が病むのは、そういう実体のせいではなく、人がこの世に生きる条件のためだからである。人は、自然のなかで生物とともに生きながら、生物たちとは違った生き方をしている。人が発明した言葉とともに、人が手を加えたもののなかに生きているのである。

その条件とは何か。フロイトは、精神分析療法を実践するなかで、人が人として生きていくための条件を、いくつかの場所として準備した。端的には、人の精神活動と、人が言葉によって生きる文化の世界と、人がその世界では名づけようのない、それでいて精神活動によってたえず呼びさまされてくるような場所である。フロイトでは、まだ理論的に未分化な面のあったそれらの場所を、ラカンは、人を人として規定する想像界、象徴界、現実界の三つの場所として、はっきり区別した。そのなかで、いま話題にしているのは象徴界であるが、それは言うなれば、人が生まれる前から、人を規定している場所である。人は生まれるとすぐに、そこで話される言葉と、すでにある社会秩序のなかにおかれるが、それらはみな象徴的なものとして、象徴界を構成している。フロイトの象徴的なものは、名詞として使われているが、たいていは象徴性と訳され、ラカンの象徴界は、形容詞が使われ、意味も少し異なっている。(3) フロイトは、言葉という象徴をめぐって、言語活動を行う人の心の動きに、つまりそれによって想像的なものを口に出す人の心に注意を向けたが、ラカンは、その仕掛けの装置を、すなわち構造を重視している。もちろん、人の心の想像的な働きが加わらないと、その仕掛けは動かない。二人の象徴的なものは、どちらも人の心に対して、そとから働きかけるのではない。人の心がそれに働きかけて、心が動きだす。そのとき、人において、象徴的なものと想像的なもののあいだに軋轢が生じるのである。

というのも、欲動は、人の心を動かすエネルギーで、それが心のなかに表象を生むのであるが、その表象は、もともと人が生まれた象徴界に、はじめからぴったり馴染むものではないからである。けれども、人は、だれでも象徴界に組み込まれる。フロイトは、人の心の動きを凝視して、そのさいに起こる現象を、去勢、あるいは去勢コンプレックスと呼んだ。すなわち、心で想像的に生みだされる表象が、象徴界にそれとして見当たらないのに、そこへ否応なく組み込まれてしまう。そのとき、人が体験する苦しみである。それによって、人の心には、ある複雑な状態が生まれる。そのことを去勢という用語で表わし、人はそれを経て、やっと人の世界に入れたのに、欲動の生む表象は、そこに現実的なものを見つけることができない。その縺れに、どう対処したらよいか。

　去勢は、異様と言ってもよいほどの印象を受ける、親しみの薄い言葉である。日本の歴史には、人間はもちろん家畜にも、それが慣習として行われたことはない。ふつうは、雌雄を問わず、動物の生殖腺を取り除くことだが、とくに人間の男性や家畜の雄について言われることもある。それらは、いわば現実的な去勢である。フロイトの去勢は、想像された現象であるが、やはり身体的な生殖腺に関係している。彼は、それを男の子の立場から、その外性器であるペニスが切りとられてしまう不安と関連づけていて、女の子の不安は、それとは性質が違うものとして、ずっとのちになって説明している。男の子の不安は、身体上の性の相違の発見から、つまりペニスがあるかないかの発見からはじまって、そのことに伴う過程が、いわゆるエディプス期に重なるとされるのであるが、一方において、フロイトは、身体器官としてのペニスではなく、それを象徴するファルスについても、若い頃から言及している。

　その後の精神分析の展開は、ペニスの意味とその機能を、しだいに外性器という身体器官から、それを象徴するファルスへ移すようになった。とくに、ラカンは、それが象徴として人の身体から切りとられた、人のそとにあるものとみなし、その働きを、人が三つの領域によって規定されていることから生じる、人のなかの亀裂の機能とみなした。つまり、人は、身体から切りとられて、自分のそとにあるファルスによって、自分のなかに亀裂を抱え込むようになる。そして、そうなることが去勢の現象を、それとして知らせてくれる。だから、去勢は、ペニスを切りとられる現実的な去勢ではなく、それを切りとられる不安に苛まれる想像的な去勢でもなく、とくに人が象徴界に組み込まれることによって出会う苦境を指している。それは、象徴的去勢と呼ぶべきものだが、そこには、人が象徴界に生きるために現実界から離れ、想像的な対象としてのペニスの表象を、象徴界のなかに見つけなくてはならないときの困難がともない、それを免れる人はいない。

象徴的去勢によって、人は、象徴界への入場を許される。そのさい、だれもがすでに去勢という代償を払っているのだが、さらに人は、そこへの入場料として、代価を請求される。そして、その代価は負債として、その後も人につきまとう。それは、いわば象徴的負債であり、おまけに、人がけっして完済できない負債である。人がその負債を認めるか、認めないか、あるいはそれをどうやって返済するか、それが人の「心の病」にそのままつながっている。フロイトは、そのことを説明するのに、自分に何か罪や落ち度があるのではないかと感じる、多くの人の体験を例にあげた。そして、それは広く罪責感と呼ばれる感情なのだが、たいていは無意識的であるのを発見した。つまり、自分では罪があることを知らず、そう感じないのである。そのことは、人が象徴的負債を認めるか、認めないかと、大いに関係する。人は、自分に負債があるのを認知しないままで、あたかもそれを返しているようなふるまいをすることがある。そして、そのふるまいから「心の病」を窺がうことができるのである。

しかし、人にはどうして完済していない負債が、たとえそれについてはっきり知らないにせよ、いつまでもつきまとうのだろうか。人の欲望は、欲動によって生まれる表象が、心のなかで組み立てられ、シナリオとなって生まれるものだが、その欲望からは去勢の代償を払う以前の表象を、あきらめずに現実化しようとする動向を消すことができない。だから、人は象徴界への入場が許され、そのための資格が与えられても、さらに入場料として請求される代価を、負債として支払おうとはしない場合がある。しかも、その代価は、いくら払っても完済できない。つまり、去勢はいつまでも不十分で、まったく十分な去勢はない。そこで、人にはいつも借りのある、負い目の感じが消えないのである。フロイトは、自分に何か非難されるところがあるという、その漠然とした感情が、いわゆるエディプス期の体験に関係があると考えた。エディプス期は、知られるように、子どもが両親に対して向ける愛と憎しみを中心に経過するとされているが、そこで子どもが自分の欲望と両親のあいだで味わうのがエディプス・コンプレックスで、それが去勢コンプレックスと深い関係があると考えられている。

一般には、子どもはその時期に、異性の親の愛を求めて、同性の親は、それを妨げる競争者とみなすと言われる。とくに、男の子の場合は、母を自分のものにしようとして、競争者である父を殺そうとする。しかし、父は強大で、子どもはその欲望を実現できない。そこで、子どもは、近親相姦の禁止に出会うのである。その時期に、子どもの心に生じるのがエディプス期のコンプレックスで、フロイトは、その具体的な時期をとくに男の子の三歳から五歳の頃とみなした。しかし、その年齢がすぎても子どもの心から、欲望と禁止がすっかり消えるわけではない。むしろ、その時期に味わったコンプレックスの消長が、その後の精神生活にずっと尾をひいて、消えることのない罪責感も、その結果の一つとみられるのである。

フロイトのエディプス・コンプレックスは、見られるとおり、家庭のなかで、子どもがじっさいに自分の両親から叱られ、脅されることから生まれる。しかし、それがどこでも起こるというのは極端な話で、今日の精神分析では、フロイトが個人的な体験から作りあげた神話だというのが大方の見方だろう。けれども、人の心の動きについて、そこに見られる洞察は生きている。すなわち、人には他人が、自分より満足しているようにみえること、自分が手に入れていない欲望の対象に他人が近づいているようにみえること、つまり自分の欲望の対象への愛にともなう、他人に対する羨望、嫉妬、憎しみであるが、そうした感情は、人に物心がついてから、ずっとその心の動きにつきまとうからである。人は、自分の欲望とそれに対する周囲の反応とのあいだで苦しむのであるが、それは広くだれでもする体験で、その苦しみをとくに家族の人間関係のなかにあるとして、世界のどこでも共通するとみるのは無理である。

むしろ、家族の人間関係においては、人の心から消すことのできない嫉妬や憎しみの感情を両親の努力によって和らげようとするのがふつうだろう。フロイトの幼い頃の体験が、人の心にどれほど本質的で、後年のそれに対する洞察が、どれほど鋭いものであっても、彼のいわゆるエディプス期の経験を普遍的な現象とするのは、無理だろう。そのころに体験されるエディプス・コンプレックスは、今日では、彼にあってとくに想像的な面が目立つと言える。だから、それと密接な去勢コンプレックスも、父からのペニスを切りとるぞというじっさいの脅しから生まれる不安な感情の面が強調されるのである。そのさいの去勢は、いわば想像的な去勢である。

フロイトの去勢でも、むろん父からじっさいにペニスを切りとられはしない。切りとられるのは、現実のペニスではなく、あくまで想像的なものとしてのそれである。今日の精神分析では、身体器官であるペニスから、たんにそれを象徴するファルスの呼び名が広く使われている。ファルスも、それ自体は想像的なもので、フロイトもときにそれを使ったが、今日では、想像的なものでありながら、欲望が心のなかの表象をシナリオ化するときに、その動きの支えになる役目をはたすものとみられている。人は話すことによって、欲望は、表象と言葉のあいだにすき間を生む。ファルスは、そのすき間を想像的に埋める働きをするが、人は、それによって象徴界へと誘われる。それゆえ、ファルスは身体から切り離されて、想像的な去勢と象徴的な去勢のあいだをつないでいると言える。フロイト以後、去勢は、試練としての心の体験とともに、いわば象徴界への通行税としての性格が、しだいに注目されるようになったと言えるだろう。

言葉と表象のあいだにすき間ができるのは、人の欲望が、まっすぐ象徴界に向かって、そのまま象徴界になじむことができないからである。欲望は、表象として心のなかにある対象に向かい、それを意のままに使用しようとする。精神分析では、そのことを享楽と呼んでいる。快楽は、享楽とは違い、心のなかの緊張をなるべく低い水準に下げ、その結果として生じる体験だった。享楽はそうではなく、フロイトが「隣人」と呼び、ラカンが「もの」と呼んだ親密な対象に近づいて、それを意のままにしようとするとき、必ず失敗するという体験である。そのさい、緊張は、極度に高まることもある。「もの」は、それとして言葉になることはなく、言うなれば、心のなかに生まれる現実的な表象である。それを使用するというとき、かりに母の身体を使用するというのが、いちばん自然な言い方だろう。子どもは、男女に関係なく、母の身体を自分の意のままにむさぼり、使用しようとするのである。しかし、それは文字どおりにはできないことである。

欲望が、そういう享楽に向かい、やがて象徴界の壁にぶつかることから、象徴界に入場しても、言葉と表象のあいだにはすき間ができる。人は、そこで「もの」としての母の身体を意のままに使用することができない。それをエディプス期の三角関係に近づけてみれば、子どもは、そこで母を自分のものにすることができない。父が、それを象徴界の代理人として禁止するからである。その後、子どもは、心のなかの現実的な表象と象徴界のはざまにいて、両者の関係にどう折り合いをつけるか、多かれ少なかれ悩むことになる。そのことが、象徴界に入場したさいに請求された負債をどうやって支払うかにつながり、ことによっては、心の病や神経症につながるのである。

心の病は、そのように、心の動きそのものからやってくる。そこには、人の世界に生きる条件が背景にある。言葉を話す生きものとしての人は、三つの領域によって規定されているが、条件とは、それらの領域のあいだの関係のあり方である。人は、心の動きによってそれに従っているのであり、心の病は、その動きとしての人の病である。「気」を重視する人は、西欧が人間中心主義で、精神障害もたんに人のせいにするが、それはよくないと言う。心の病は、気の病と言った方が、ずっとその本質を突いている、と。お断りしたように、日本語では、そのことが立証されていないので、今のところその理由をはっきり知ることはできないが、そうした考えは、少しも不思議でない。どう説明されるにしても、「気」は、実体的な何かとされていて、やがて何らかの物質として表象されるのである。そうでない場合、人の心はいくつかの要素からできていて、それらの関係から生まれる動きは、心の動きそのものだから、当然、それはある実体的な物質に左右されているのではない。精神分析では、欲動、表象、欲望などの基本概念で、物質として名指されているものは一つもない。

宇宙に何かが遍在するとなれば、それがあくまで超自然的な霊魂としてとどまらないかぎり、正体を追究されるべき自然的な物質としての対象になる。いわゆる自然科学の対象は、どこに存在するかはともかくとして、本質的にそうである。また、たんに超自然的な何かとして自然界に遍在するなら、それはアニミズムの霊魂である。「気」は、人の心を動かすといっても、広く信仰対象となっているわけではないので、霊魂と同じではない。しかし、それが宇宙を構成する物質として自然科学の対象になりえたとしても、万物がそれによって動くとされるなかで、人の心も動かすとなれば、それは霊魂と変わらない。そこで、「気」を重視する立場を、合理的アニミズムと呼んでみよう。もちろん、それは自然科学を信頼する立場と矛盾しない。その立場を科学主義と呼ぶなら、合理的アニミズムの立場と科学主義は、少しも矛盾しない。どちらも、心の動きの原因を、そとに実在する実体的な何かに求めるところが同じである。

「気」が狂うのではなく、人が狂うのだと言うとき、人は、ある関係の総体を指していて、実在する何かを指しているのではない。だから、それは「気」について言われるような、実在するものとしての主体ではなく、主語でもない。もしも、人ではなく主体としての「気」が狂ったり、違ったりして、それで人の心が病むとすれば、人にとって、それはそとからの災難を受けたことになる。その原因は、「気」の動きにあるのだから、人は、そとから「気」に働きかけて、それに対処するより仕方がない。「気を励ます」「気を取り直す」「気の持ちよう」などの表現は、それを言っている。そして、病の治癒も、つまるところそれに働きかけ、うまく操作した結果として実現することになる。アニミズムの霊魂は、自然界のあらゆるものに宿りはするが、それ自体は超自然的なもので、人を動かしはしても、実在していない。しかし、霊魂と「気」は、人のそとにありながら、人にもっとも親密な対象であり、それを象徴化しようとしている。つまり、二つの言葉は、そういう対象の目印であるところが共通している。「気」は、これまでに辞書や中国思想の歴史書にあるような知識として定義されているが、日本語の人の心の動きの表現から窺われるように、じっさいには定義できないのである。そして、それと霊魂の違いは、どちらも人にもっとも親密な実質を対象化しようとしているところから、両者が人の運命を左右する信仰の対象であるか、そうでないかというより、それに人がどうやって働きかけるかという、操作の方法にあると考えたい。

ところで、人は、去勢から身をかわし、母の身体を「もの」として享楽しようとする。たとえ、それはできないにしても、何かのやり方でしようとするのをやめることはできない。人の心には、「享楽せよ」と命じる超自我の場所がある。超自我は、裁判所のようなところとみなされているが、そこで裁かれるのは自我である。現実界と象徴界のあいだを調停するのに苦労している自我を裁くのである。フロイトは、その強圧的で、過酷な性質に気づいていたが、そこで人の良心や道徳意識が形成されるとした。しかし、それはあくまでも結果であって、その本質は「享楽せよ」という命令である。だから、人にはその命令が実行できない不安が生まれ、道徳意識に罪責感がつきまとうのである。自我は、現実界と象徴界のあいだで、人を何とか象徴界の仲裁的な法に従わせようとするが、超自我は、それにかまわず母の身体という、欲望の実質にいちばん近い「もの」を享楽するように、いわば法外の法を命じる。

そこで、人は、実行できない命令の強圧に対処しなくてはならないが、そのとき欲望にいちばん近い実質をある表象に作り変えて、それを言葉として象徴化するのも一つのやり方である。その表象は、誕生したいきさつからしても、きまって人に幸せと災いをもたらす、善悪と正邪の両面をそなえている。アニミズムの霊魂は、そのようにして象徴化されたものの一つと考えられる。「気」も、その使用法からみて、同じように象徴化された言葉の一つと考えられる。そこで、病気は、気が病むのであり、狂気は、気が狂うのである。それは、「気」が済んで、心が落ち着いたり、「気」が晴れて、心を鬱屈状態から解放したりもするが、「気」が咎めて、罪責感を生んだり、「気」が触れて、心を異常な状態にしたりする。その使用法からみると、心の満足感や幸福感を表現するよりも、悩みや苦しみを表現する方がずっと多いのであるが、それは人がこの世で生きるために従っている諸条件によってやむをえないことだろう。そうした苦楽は、すべて「気」のしからしめるところである。

　心の病を、そうして「気」のしわざとすれば、それによる苦しみは、欲望する人からではなく、そとから人にふりかかった災難になる。それでは、どうして心の病を、そとの実在物が心のなかでふるう力のせいにするのだろう。それは難しくて、答えの見つからない問いである。人には心の動きとそこから生まれる苦痛を、自分のなかに認めるよりも、そとからの力によるとみた方が、都合がよいのだろうか。あるいは、人にはそとから与えられた苦痛に耐えるより、自分に面と向かう方が、いっそう難しいのだろうか。それは分からないが、ともかく、心の病を「気」のせいにしているかぎり、人は、その力の源泉に対して操作的に働きかけるよりない。そのとき、人は、たとえそれが心の病の治療に効果的なふるまいであっても、自分のふるまいについては知らないのである。

精神分析を、心の動きの無意識的な面と切り離すことはできないが、それは無意識が、心のなかの表象によって生まれるからである。そして、その表象は、人の欲望と密接しているからである。欲望は、そとの力によって、人の心にそのまま生まれるのではなく、心のなかの表象と人の話す言葉との関係によって生まれる。すなわち、欲動と、それが姿を変えたいちばん人に近い表象が、言葉に支えられた象徴界に出会って、そこで口を開き、話すことによって生まれるのである。しかし、言葉は、享楽に向かおうとする欲動の表象には、満足に応じない。そこで、享楽は、それがけっして十全には実現できないということを意味する概念で、欲望は、話すことで生まれる、表象に対する言葉の不足部分のことだと言えよう。無意識を生む表象は、欲動と欲望の関係のうちにあり、その欲望も、表象と象徴界との関係のうちにある。

無意識は、前にふれたように、人の心のなかにあって、その意味が分からない表象であり、しかも、それが人のふるまいに深くかかわっているので、人は往々にして自分のふるまいについては知らないのである。心の病をそとからの力によるとする人は、表象が心のなかに生まれ、心の動きはいくつかの要素の関係のうちにあるのを見ないために、自分のふるまいについては知らず、無意識に目を向ける人は、心のなかにはいつも意味の分からない表象があって、それが人を動かすために、自分のふるまいについては知らない。そこに二つの不可知があるようにみえるが、人の心が「気」によって動くとする立場は、心の表象の本質に目をやらないために、かえって「気」という言葉と文字が、表象の内容と一つになってしまっているのが分からずに、そこから知らないことが生まれるのである。

Ⅱ 「気」と心理療法

「気」によって人の心が動く環境では、心の病に対処するときも、シャーマニズムの呪術師が精霊を扱うときと似ている。もちろん、精霊はあくまで超自然的なもので、実在する物質ではない。いくつもの面で「気」と異なっている。「気」には超人間的なところはなく、人の生活に善悪の影響を直接もたらすわけではないが、精霊は人の生活をじっさいに左右する能力をもっているので、呪術師であるシャーマンが人とそれの仲立ちをする。わが国では、「みこ」「いたこ」「口寄せ」などと呼ばれる呪術師がその役目を負っていて、修験道の開祖とされる役小角などは、代表的な呪術師だろう。精霊は、そういう者たちにとり憑き、その状態や意思を伝えて交流する。シャーマニズムは、そのように特定の人と直接に交流する精霊を信じることがもとになっているが、「気」には、そういう信仰がともなっていない。

しかし、人の心を動かし、そのふるまいを左右するものがそとからやってきて、人は、それにしかるべく対処しなくてはならない。その点で、「気」の環境にいる心の病の治療者は、シャーマンと共通している。聖霊は、シャーマンだけでなく、ときにはふつうの人にとり憑くが、わが国は、そういう精霊は「キツネ」「イヌ」などと呼ばれ、人の心を異常な状態にする、すなわち「気違い」にするとされていた。つまり、心の病は、シャーマニズムの信仰におけるように、そとからの力が招いたのである。専門家のなかには、日本を「さまざまなシャーマニズムの寄り合い場所」と言う人がいる。[4] おそらく、それはアニミズムの霊魂観を広く、抵抗なく受け入れたことに関係があるだろう。シャーマニズムが、聖霊には人の生活を直接に支配するような力があると信じる宗教だとすれば、アニミズムは、いわば霊魂が、自然と人のどこにも存在しているという信念にもとづいた世界観だと言えよう。そういう広い、平素は自覚していない世界観のうえに、シャーマニズムが、さまざまな形態をとるようになったのだろう。

いずれにせよ、「気」は、精霊や霊魂ではない。それはシャーマニズムの信仰の対象ではなく、世界観はともかく、アニミズムの信念の対象でもない。しかし、それが日本語で、心を動かす主体であり、主語であるとされる点では、それらの対象と通じている。だが、今日の日本語は、たいていの人が科学を信頼する時代の国語である。だから、「気」を評価する精神科医は、前に紹介したように「残念なことに現在わが国では、『気の病』『気ちがい』の呼称を非科学的な俗語として嫌う傾向がある」と嘆くのである。けれども、やはり前に言ったように、アニミズムやシャーマニズムのある種の形態は、科学と少しも矛盾しないのである。現在、わが国で心理療法とか心理カウンセリングと呼ばれているサイコセラピーは、ほとんど欧米の理論に依拠している。森田療法のような、日本人の手になる理論と療法を教えている公共の教育機関は、とても少ない。

将来の心理療法家が学ぶ欧米の臨床心理学の理論は、次々と新しい呼び名で紹介されるが、つまるところ、人の行動をいわゆる科学的な研究の対象にして、そこから得た知識を臨床に応用しようとするのが、その基本的な立場である。それはいかにも単純化しすぎだ、と言うむきもあるだろうが、ここで言いたいのは、そういう立場が、日本語を話す人たちからさしたる抵抗も受けず、むしろそのまま迎えられているかにみえることである。もしそうなら、日本語による心理療法の実践は、欧米の科学に基づいた理論と齟齬をきたさないことになろう。だが、それには少し考えてみると、当然の一面がある。つまり、アニミズムの環境における思考も、欧米の自然科学も、対象を人の思いどおりに扱って、目的を実現しようとしているのは同じである。ただ、呪術からでた科学が、人間生活の広い面において、その目的をはるかによく実現したのである。しかし、心理臨床の実践において目的を実現するために、人が人を思いどおりに扱おうとすれば、アニミズムの思考も欧米の理論も、似たような困難に出会うだろう。心の病に対処する立場は、理論によって支えられている。理論のない、実践と呼ばれる応用は、考えることもできない。両者は別だと想像するのは、人のあらゆる実践がつねに応用であって、それがどれほど理論と分かちがたいかに目をやらないだけのことである。

そこで、日本語では、人の精神障害を「気の病」と言うが、それを支えている理論があるにちがいない。といっても、「気」は日本語の表現には溶け込んでいるが、人の心についての、それを基本概念にした理論となると、あるはずであっても、やはり雲をつかむようにはっきりしない。あるいは、理論と言うのは大げさで、いま言ったことにさっそく矛盾するようだが、それはたんに人の心についての思考法とでも言うべきだろうか。あるいは、「気」が中国から伝えられたとき、日本語は、それとともに中国の宇宙観や自然観をそのまま受け入れて今日まできているのだろうか。ともあれ、日本語では、「気」の表現から、大ざっぱにアニミズム的と括ってしまった思考法にふれるよりない。

「気」は日本語で、たとえ主語になり、主体になるとしても、それは個々の人としての主語や主体ではない。「気」は宇宙に遍在する主体で、人と人のあいだにあっても活動している。ある人の心のなかで、それが狂ったとき、治療者はそういう「気」に対処しなくてはならない。人と人のあいだにただよう「気」は、雰囲気として、つねにそれを感じとることが、平常でも大切なこととされている。そのとき、主体は、まさに個々の人のそとにあるかに思えるのだが、主体としての「気」そのものは変わらない。つまり、それは表象としては固定されていて、動かない。いくら活発に動いていても、つねに窮極の実体として、あらゆる現象の基盤となっている。森羅万象のあらゆる動きのうちに、何か固定されて動かないものがあるとみるのは、非常に特徴的な一つの思考法である。当然、それによって心のなかには、「気」のような固定したものの表象が生まれてくるが、精霊や霊魂も、表象としては固定している。しかし、精神分析にとって、表象はそういうものではなく、固定したものはいらないのである。

欲動から生まれる表象は、ある表象から別の表象に移るが、そこからは意味が産出されるだけで、表象そのものに一定の性質はない。そういう性質があれば、ある表象が「気」や精霊のような実体になり、目に見えなくても、それとじっさいの現象との結びつきは直接的になって、人はそれを見えるもののなかに探そうと努めるだろう。精神分析にとって、そういう見えるものになった実体は、見かけであり、さらには何かが書かれた文字も、人がそこに実体を読みとることで見かけになる。また、科学がその対象とするものも、本質的にそういう見かけである。というのも、見かけとなった表象は、心のなかに表象どうしのあいだから生まれる意味とはかかわりなく、別の効果を生むからである。日本語になった「気」も、そういう見かけの性質をもっている。だから、心の病の治療者も、ちょうど精霊と交流するシャーマンのように、「気」に通じた人であることが求められる。一般に、そういう人には、個人の高ぶった「気」を静めて、集団の「(空)気」を平常に戻す役目が期待されている。

現在、わが国では、外国で生まれたさまざまな心理療法が、翻訳によって紹介されている。精神分析もその一つであるが、多くは応用されるにあたって、理論とともに、心の病を治すための手引書として、治療者や一般人に提供されている。いわば、人の心の動きをうまく操作する方法や手順を教えるマニュアルである。「気」が遍在する環境では、外国のどんな「新しい」心理療法も、マニュアルとして応用されるより仕方がないが、それが科学に基づいていると強調されればされるほど、「気」が狂った人に対する伝統的な対処法と違ったところが少なくなるのではなかろうか。もちろん、人間の身体や精神についての知識は、昔とは比べるべくもないだろうが、人の心の病について、それを生みだす実体にそとから働きかけるという面において、ますます近づくのである。そのさいに、実体は、人と人の関係であることもある。人と人の関係が、治療者のそとにある、うまく操作すべき実体として対象化され、その知識に基づいてマニュアル化するのである。

「気」は、前に言ったように、もともと心のなかに描かれるイメージには目を向けない。「気」が主語になり、主体になる日本語では、治療者の前にいる人は、主体でないことになる。少なくとも、こころのなかの姿すなわち表象としてある主体ではない。フロイトは、欲動が人の精神現象になるときは、必ず表象と情動のどちらかになると言ったが、そうすると、人が表象の主体でなければ、情動の主体であるよりほかにない。情動は、欲動がもともとエネルギーとされるのをふまえた訳語であろうが、日本語では感情と言った方が分かりやすいし、意味にもそう違いはなさそうだ。つまり、「気」の世界では、人は表象の主体としてではなく、感情として治療者の前にいる。

表象と感情は、欲動が生む人の心の動きの二大現象である。どちらも、三つの領域によって規定される人のあいだに生まれる無意識とかかわりがある。エネルギーとしての欲動そのものは、もともと意識の対象ではなく、それについて無意識は問題にならない。表象と、それにともなう感情によって、無意識が生まれるのである。人の心の動きについて、三つの領域の関係から表象を取り除いてしまえば、そこにはもっぱら感情を体験している人が残り、人と人のあいだに無意識は生まれない。精神分析にとって、表象は、無意識を生む材料として無視できないものであるが、「気」の世界では、感情が、治療者の扱う対象として重要視され、無意識はない。言いかえると、治療者と患者のあいだに無意識は生まれているのだが、それを問題にする必要がない。二人がいる場所を支配している「気」は、お互いを感情として、それぞれの人にしている。治療者は、感情としての人を支配している「気」の状態を、適確に感知して、それにうまく対応しなくてはならない。ある治療者は、そのことを「その場の雰囲気をつかむ」と言い、「直感」や「勘」が最大の武器になると言う。治療の経験によって、その「コツ」を体得するのである。つまり、「気」の状態を直感や勘でとらえ、それをうまくつかんで、感情としての人を思いどおりに動かすのが、治療の「コツ」である。

日本語には、お互いの感情的なやりとりを指すのにしばしば登場する「甘え」という言葉がある。もっとも、そこには「甘え」について書かれたロングセラーの本が広めた面もあるだろうが、それは辞書で「甘えること」のほかに「甘える気持」という説明があり、ここの論旨にそって、「気」が甘えるのだとしておこう。では、「甘える」の意味はというと、他人から受け入れられ、愛されるという受動的な状態に、能動的に入っていこうとする行動を示す動詞である、というのが妥当なところだろう。ちなみに、いまの本の著者は「甘え」を、幼児が母親に向ける依存感情である、と定義している。ここで「甘え」をもち出したのは、日本では心理療法だけでなく、広く、お互いの「甘え」をうまく利用するのが人間関係を潤滑にするのにとても役立つという大方の見方があり、その面から感情としての人についてふれてみたいからである。

母親に対する幼児の依存感情は、人がだれでも体験する感情であるが、日本ではそれが大人どうしの社会関係のなかにも広く認められて、日本人の精神傾向の特徴となっている。それを日本語で「甘え」と表現したのは、ちょうど戦前に森田正馬が、日本人の心の特徴を「とらわれ」と言ったように、みずからを認識の対象として、それを日常の日本語で表現したことに意義がある。「とらわれ」も「甘え」も、精神分析では、同一化のごくふつうの例で、とくに「甘え」は、母と子の相互の同一化を指しているので、「甘える」「甘えられる」「甘えさせる」などは、同じ現象のいくつかの面を指している。たしかに、日本語では「甘い」という言葉が、砂糖や蜜のような味から、はるかに広く人の心やものごとの状態を指すのに使われている。しかし、それを人の心の動きを考えるのに役立つ理論のなかの概念として活用するとなると、あまりにも漠然としている。広くみられる現象を普遍的なものとして直感しても、そこから演繹によって筋の通った説明をする道は、日本語の歴史から見つけられない。だから、現実味のある言葉を使った説明は、いつもたんなる現象の記述に終わり、外国語の翻訳された理論のなかに変哲もなく編み込まれてしまうのである。それは日本語が、総じて心のなかの表象を理路の通った言葉で追うよりも、感情をいかにうまく表現するかに意を注いできたせいだろう。「気」を使った心の動きの表現も、その一例に違いない。

母子のあいだの感情の交流は、ある外国の精神分析家が、大人の恋愛関係におけるより百倍も強いと言ったように、ほかの人間関係とは比べられないほど親密である。とくに人の子どもは、ほかの動物に比べてひとり立ちする力がきわめて弱く、脳だけが発達して、そこでさかんに表象を生みだし、それにともなう活発な感情を体験している。母も、子どもはその身体の一部のように感じられて、ときには子どもが傷つくと自分の身体が痛むほどになる。お互いの関係は、そとから見ると母から一方的に子どもの世話をしているようだが、感情の関係は相互的で、子どもだけが依存しているとは言えない。しかし、子どもは年齢的に幼く、母に向けた感情は、その後の人生にずっと尾を引いて、消えてしまうことはない。日本では、母子のそういう感情の交流が、大人どうしの関係で再演されるというのである。そのさい、大人はお互いに子どもになって、代わる代わる「甘える」「甘えられる」の役をはたしている。むろん、大人の社会関係では母子関係がそのまま再現されるはずはなく、「甘え」も、「甘ったれ」「甘えん坊」などの言葉から分かるように、けっして良い意味だけに使われるわけではない。にもかかわらず、かつての母子の感情の交流をその後にうまく利用することが、お互いの関係にとってだいじなこととされるのである。

そうしてみれば、わが国の心理療法で、母子の感情的交流が重視されるのは不思議でない。例えば、伝統的な療法の一つである「内観法」では、患者に自分の母子関係を省みさせるのが眼目である。すなわち、これまで母が自分にしてくれたことと、自分が母にしてあげたことを比べて、そのへだたりと差し引きの大きさを知り、患者は、それを実感して、屛風に囲まれた狭い場所ですすり泣き、ときには声をあげて泣くのである。治療者の意図ははじめから明確なので、「内観」が思うようにすすまないと、「ただ今の時間、だれについて調べましたか」と、ほぼ二時間おきに、くり返し問いかける。私が奈良県の研修所で実習したときは、最後に、「内観法は、簡単ですわ、ね」と導師から念を押された。「お母さんがしてくれたことと、してさしあげたこと」の差を忘れずに、患者に、いまの質問をしさえすれば、だれにもできるのです、と。

現在のわが国では、そう簡単にいきそうもないが、心理療法の根本が変わったとは思われない。その基本は、相手の感情を操作することである。そのことに、「気」の世界では広く感情としての人をうまく扱う「コツ」がともなっている。また、その要領は経験から学ぶもので、療法の効果は、総じて経験に基づいている。だから、療法が全体として経験からそとに出ようとしないかぎりで、そこから認識へ向かう道は閉ざされている。いずれにせよ、わが国では、母子の一体的な関係によって体験した依存と思いやりの感情は、人がやがて学校や職場などの社会集団に加入してからも生き続け、そこでうまく適応するためにもだいじな役目をしている。それゆえ、お互いの「甘え」を上手に利用するのが、わが国の心理療法にとっては主眼になると言われるのだが、たんにそれだけでなく、母子の感情的交流は、ここで適応するために必要な依存と服従という根本の傾向を身につけて、子どもが社会化された人になるためにも大きな役目をはたしている。

「甘え」は、それ自体が特別の感情を指す言葉である。それが人と人の関係を正常にするための潤滑油になっているならば、それによって育つ依存と服従という特徴は、もっぱら人と人との感情のやりとりからくることになる。つまり依存という、人の根本的な傾向と引きかえに要求される服従にしても、それは依存感情の快さとの交換によって生じる代価であって、それ自体が言葉によって正当化された結果としての命令ではない。人が服従することで社会化されるのは、そこに具体的な人との感情的な体験の担保があるためで、言葉の表象によって進められた思考が、感情と結ばれた結果ではない。「気」の世界において、それは当然のことである。人は、「甘え」によって母の身体の享楽に近づこうとするが、象徴界への入場のさいに受けた去勢によって、母の身体を享楽することはできない。そこで、人が社会化されるとき、母への依存感情は、多かれ少なかれ阻止され、犠牲にされる。その世界では、「気」が人の心を動かすので、犠牲はそとからの力によるものとなり、人は、その力に感情で反応する。

精神分析における象徴界は、言うなれば、心のなかの社会であり、そこに生きる人は、象徴的に去勢されている。しかし、「気」は、象徴界を構成している言葉の表象に目を向けないので、母への依存感情は、そとの力によって妨げられているようにみえる。そこで、その力に名を与えることが必要になる。「甘え」には、もともと限度はなく、つねにもっと甘えたいという傾きがあるのだが、それができないのは「甘えたくても、甘えられない」状態で、何かが必ず「甘え」を妨げにやってくる。人には、母の身体を本当に享楽することは不可能で、「甘え」の感情もどこかで納めなくてはならない。「気」の世界では、そのさいにも、母子の感情的な絆が大きな役目をはたしている。むしろ、母との感情的な体験は、子どもの心に規範的な同一化の対象が形成されるのを助けて、やがてそとの集団に適応していくための原動力ともなっている。そこで、わが国では、母は子どもの「甘え」を助長すると同時に、子どもが象徴的な世界に参加してからの目印になるような、社会的機能をはたしているとも言えよう。

「甘え」を抑えるのがそとからの力で、その力の持ち主は、往々にして具体的な他人として想像される。すると、その他人がいなくなれば、自分は母の身体を享楽できるかもしれない。例えば、エディプス期の三角関係で、近親相姦を禁止するのが具体的な父であるなら、その生きた父が死んでしまえば、母は自分のものになる。しかし、その願望は、フロイトが考えたようにどれほど人の心に広くみられるにせよ、それがじっさいの人間関係のなかに生き続けるのは、正常ではない。なぜなら、そうなると人は、いつも具体的な他人が自分に苦しみを与え、その他人がいなければ、自分の苦しみは消えるのだと想像し続けることになるからである。そして、エディプス期の去勢も、ついには父という具体的な他人のせいになる。父がいなければ、自分は去勢されることもなかったのだ、と。

もちろん、フロイトの育った宗教的な環境では、父が象徴界の代理人の役目を担っていたとしても、子どもを去勢するのは、家族のなかで父と呼ばれる具体的な人ではなく、父は、ある機能を表わす言葉である。しかし、人はしばしばそういう言葉から、どこかの他人か、あるいは自分がよく知っている具体的な人を想像する。それは自分の邪魔をする人で、やがて自分を苦しめる張本人ということになると、人の心と行動は、正常な状態から逸れてしまうかもしれない。なぜなら、その人の羨望や嫉妬や対抗心は、じっさいの生きた他人を標的にして、そこに集中するからである。他人は、そとの対象として知覚できるので、それだけ憎しみの感情を掻きたて、現実の攻撃的な行動に駆りたてるかもしれず、人はそれを抑えるのに、ますます苦しむのである。その苦しみは、つまるところ、三角関係のなかの去勢をめぐる犯人探しにともなう苦しみである。そして、もしそれによって異常な心の動きや行動が表面化すれば、人は、そのとき神経症的とされ、「気が違った」とされかねない。

そのように、去勢をいわゆるエディプス・コンプレックスと関連させて、嫉妬や憎しみをともなう犯人探しの苦しみとみるのは、いわばその神経症的解釈であるが、じつは、去勢はそういう現象ではないし、これまでも人は、何かを欲望するという心の動きから、具体的な他人の姿をなくそうと努めてきた。広く、それは心の動きを感情から思考に移すことであるが、そのあいだに、人は犯人の代わりに言葉を見つけて、さまざまな現象を生みだしている力をそれに委託する。その言葉は、力の出所を指している。象徴界と想像界がもつれ合って、そこから生じる感情の処理に困った人は、その悩みをたんなる道具のようにみえる言葉に預託するのである。言葉が犯人にされるというのは奇妙であるが、むしろ、それが象徴の本質で、人は言葉を象徴として犯人の代わりにするのである。その言葉は、苦しみを与える悪いものの性質と、反対に良いものの性質を同時に表わしていて、ある人との異質性とともに同一性をふくんでいる。すなわち、良いものと悪いものとを合わせもつような実体として扱われる。また、実体として中立的である反面、支配的であり、多分に全能的である。つまり、実体として影響力をふるうものが、言葉によって名を与えられたのである。

実体では、存在と本質が一つになっているので、それが「ある」ことについては何も言い訳をする必要がないし、説明もいらない。しかし、その存在が自明なものに近づけば近づくほど、じつは、それが「見かけ」に近づくのである。そうして、実体を表わす言葉は、見かけになる。見かけには、もともと隠された中味があるわけでなく、中味のないことを隠すのであるが、中味があるように思わせるところに肝心な役目があり、それが名になる。だれにも、名になった言葉の属性をすべて挙げつくすことはできないが、もともと中味のない、文字や音声としての見かけには、あらゆる属性が与えられる。人は、そういう見かけに近づいた実体が、あらゆる属性をそなえていると想像するのである。そして、名が実体に近づくほど、見かけとしての効果は大きくなる。見かけには中味がなく、もとをただせば意味がないのは、それが意味の効果をもたないことではまったくない。見かけは、それ自体の意味はないとしても、その働きによって大きな効果を発揮する。それは、名の意味作用と呼ばれる過程で生まれる効果である。

精霊たちのもつさまざまの名が、そのよい例であり、どれも見かけであるが、それらにあらゆる属性を与えている人たちに対する意味の効果は、いまさら言うまでもない。日本語の「気」は、人に影響して、直接に善悪をもたらすものではなく、まじめに自然科学の対象とされるほど合理的な性質をもっているが、直接性から遠ざかり、中和されているといっても、いたるところにあって活動している。それは目に見えないが、万物を構成する窮極の物質として実在するとされ、多くの表現からは、あたかも人の心がそれによって動いているかのように思われている。すなわち、それは精霊たちの名と同じように実体化されている。ここでは、「気」が実在するかどうかを確かめるのはともかく、むしろ、それが実体化されて使用され、人の心を動かすと思われていることについて、それはそうではないという表現を日本語から見つけることができないのに注意したい。というのも、それは精神分析と齟齬をきたす見方のようだからである。

日本語の「気」を高く評価する専門家は、「狂うのは、気である」と言う。それに対して、精神分析は、「狂うのは、人である」と言うはずである。二つの表現を比べると、両者の違いがよく分かる。日本語では、いま述べたことから、「気」は見かけとして存在に近づくが、精神分析では、人は存在ではなく、関係を表わしていて、そこに実体化された名をいれる余地はない。人の心の動きは、欲動の動きであり、しかも、欲動は表象を生んだとき、はじめて心の動きになり、つねに表象の生産過程で働いているが、それ自体としては存在しない。つまり、それはいつもほかの要素とかかわりながら働いていて、人を知るための概念としては基本的であるが、孤立的ではない。人は、相対的には三つの領域によって規定されているが、欲動は、それらの関係を背景にしながら、ほかのいくつかの要素とともに働いている。去勢も、そういう背景のなかから欲動によって生まれる現象の一つである。

フロイトのエディプス期では、父が象徴界の代理人であったように、「甘え」の環境では、現実の母が子どもを社会化するのに重要な役目をはたし、エディプス期の代理人の父が象徴化されているように、母がいろいろな姿で象徴化されている。母は、子どもの依存感情に応えながら、一面では子どもを象徴的に去勢する現実の代理人になるのである。去勢は、象徴界に生きる人に普遍的な現象であるとしても、じっさいの姿は、それぞれの人が生まれた文化における三つの領域のかかわり方を映している。母への依存感情が顕著な役割をもつ文化では、子どもは、しばしば母に対して罪責感を抱くのが見られる。子どもの「甘え」から、罪責感が生まれることがあるのは当然で、いつまでも甘えていれば甘えるほど、去勢のなりゆきに支障が生じて、後の罪責感が強まることもあろう。母がどれほど受容的であっても、享楽が実現することはないので、子どもは、いわば不首尾なままの去勢の付けを、後になって支払うのに苦しむのである。

エディプス期の父は、子どもに恐れや不安を抱かせるが、母は、言うまでもなくはるかに身近で、感覚的な存在である。それだけに、子どもの罪責感もいっそう具体的な他人に対するものになり、象徴的な負債も、具体的な他人に対する負債になる。それは、日本語で「恩」と呼ばれ、一昔前までは社会秩序を維持するための基本的な道徳観念として強調された負債に通じている。人が象徴界に入場するために支払うべき代価としての負債や、その後の「甘え」によって支払いをうやむやにしてきた負債など、そうした負債と超自我の命令のはざまから生まれる罪責感を、「恩」という道徳観念に託して、そこから人を苦しめている感情に変化をもたらそうとする、社会的な規模とも言える試みは、かつて効果があった。それというのも、母が子どもの社会化に大きな役目をはたしているので、子どもの象徴的な負債と罪責感は、ともに具体的な他人の姿をもって心に描かれやすいからである。現在も行われている、前にふれた内観の療法などは、この機制をうまく利用している。負債と罪責感を、母や世話になった人たちに対する「恩」の感情に変え、それをもとにして攻撃性を和らげ、社会的な適応をとげて、具体的に負債を返済させようとするのである。

自我は、人の想像する力を借りて、何とかその欲望を社会の象徴的秩序に妥協させようとするが、超自我は自我の欲望を、その不徹底さのゆえに責め立てる。それは人を駆りたてる現実的なものの苛酷な命令となり、そのために、自我は罪責感とともに、ますます意識的な道徳観念を強めようとする。人には去勢によって、現実的なものと象徴的なものが切り離されたが、そのために負債と罪責の念が想像的なものとして生まれる。象徴的な負債も罪責感も、三つの領域の関係を背景にして考えられるので、欲動の孤立した動きから生じるのではない。欲動は、負債や罪責感では、恐れや不安などの感情として表現される面が目立つかもしれないが、そのときも表象から離れるわけではなく、つねに結びついている。そういう見方からもうかがわれるとおり、精神分析は、人の心がおかれた負債の状態や自責の念から生じる感情を、自我や超自我などの心を構成している場所や人を規定している基本的な領域の相互関係によって生まれるとしている。それとよく似た、本質的には同じと考えられる現象を、心に働く「気」で表現した日本語は、「気が済まない」「気が咎める」と言う。

「済む」を否定した「済まない」は、「済ます」「済ませない」の自動詞的な表現で、借りを返していないときや、義務をはたしていないときなどの心残りな状態を指し、肯定形を使った「気が済む」は、気がかりなことがなくなり、気がおさまった状態を指している。「気が咎める」の方は、責めたり、非難したりする意味の「咎める」が自動詞的に使われているだけ、いっそう罪責感に近いようだ。「気」は、たしかにそれらの動詞の主語で、「済まない」や「咎める」の主体になっているとも言える。しかし、ここまで例として挙げた表現が概してそうであったように、ここでも「気」は、心の動きを伝える表現と一つになっている。「気が狂う」の場合も、まったく同じである。「気」は、言うなれば、表現の部分的な要素となって、全体のなかに溶け込んでいるので、それを主体として、とくに取り出そうとすること自体がどういうことなのかを、考えさせられてしまう。というのも、とくに取り出そうというなら、あくまでその言葉の意味ができるかぎり明瞭にされなくてはならないからである。

　主語や主体は、西欧からの翻訳語である。西欧語の文法では、まとまりのある文を作るのに主語が必要である。しかし、その西欧語でも、主語はたんに文の要素であるだけのこともある。英語で雨が降ったり、フランス語で風が吹いたりするときがそうである。それらが形式主語と呼ばれ、現象そのものだけを述べているのは、いまでは日本語を話すだれもが知っている。「雨」と「降る」や「風」と「吹く」をとくに取り出して、それぞれの意味を特定しなくても、文のまとまりは壊れない例は、どの国語にもあるだろう。専門家は、かなり以前から、たんに天候などの自然現象を述べるときにかぎらず、例えば「鳥が飛ぶ」というような文では、とくに「鳥」がどうであるかを問題にしているわけではないと指摘しているが、(5) それは当然のことで、文のなかの言葉にはたんに全体の要素として使われているものが見つかるということである。

ところで、「気」についてはどうだろう。それには、長い歴史を経てすでに知られているような、これまでに瞥見してきた意味がある。同時に、それは日常の日本語で、人の心の動きについて述べるとき、もっぱらその状態や現象だけが伝わってくるような表現に利用されている。表現のなかから、主体とされるその言葉をあえて取り出して、既存の意味をたよりに、文中のほかの言葉との関係から、その一貫した意味を探ろうとしても、まとまりのある内容はつかめない。端的に、言葉そのものについては何の意味も浮かんでこないのである。そうしてみると、「気」は、表現のなかで機能だけをもつ主体として、形式的な主語として、まさにたんなる要素としての役目をはたしていると言えそうである。しかし、西欧語は、文法によって形式主語が必要であるが、日本語はそうではない。にもかかわらず、「気」は、どうして人の心の動きをとくに現象として述べる表現の要素として使われるのか。それについては、何が言えるだろうか。

まず、西欧語の表現で、たとえ形式的でも主語となる単語が必要なのと、「気」が日本語の表現のなかで、それに似た機能だけをはたす主語であるのとは、わけが違うのに注意しなくてはならない。西欧語で何かを考えるときは、文の主語をいつも機能だけの要素として扱っているわけではない。むしろ、それは例外的で、文字どおりの主語であれば、それについての存在（「ある」）と、性質あるいは本質（「である」）が述べられる。文のなかでは、それが連辞とか繋辞と呼ばれるものによって述語につなげられる。つまり、主語と述語のあいだには、いつも何らかの関係がある。文には、主語と述語だけで連辞がないのもあるが、例えば英語のbe動詞は、連辞にもなるが、それだけで存在を表わす述語にもなる。しかし、例えば「God is」という文は、動詞がそれだけで「存在する」という「神」の本質を表わしており、主語と述語は、文の要素としては独立していても、つねに関係が示されていると言える。そして、そのことが西欧語で、実体という観念が生まれてきたことに関係があると思われる。実体は、自己同一的な、それ自体としてあるものという、主語だけを独立させたような観念であるが、しかし、それは無ではなく、存在しなくてはならない。つまり、「ある」というのがその本質なので、主語と述語がぴったりと一致して、存在と本質が一つになったものという観念が生まれるのである。

そこで、日本語の表現において、「気」が文字どおり表現の一要素として文と一つになり、全体のなかに溶け込んでいるなら、それを実体だと言っても、あまり意味がないと思えるかもしれない。ある面からすると、それは確かだろうが、それには別の面からあとでふれることにして、「気」が文の全体と一つになっていることについて、もう少し考えてみたい。

「気」は、表現のなかに溶け込んでいるので、それ自体の性質を探る必要はなく、探ろうとしてもできない。性質は、必ず何ものかの性質であって、その何ものかが主語であるときは、いま見たように、その性質を述べるのでなければ、文は一般に不完全である。しかし、「気」は、表現になくてはならない要素であっても、全体と一つになって、それ自体は独立していないので、別の要素との関係を探られることも、その関係のなかで固有の性質を述べることもない。つまり、「気」による表現は、心の動きのなかに、特定の性質をもった要素を想定し、それと他の要素との関係をとおして人の心の全体に迫ろうとすることには関心を向けない。代わりに、心の動きをあくまで一つの現象として、またはある状態として表現しようとする。それは人の心の動きを、ちょうどある情景のようにとらえて、それをさまざまに描写して伝えていると言ってもよいだろう。

日本語の表現において、「気」が本当に主語や主体として扱われているなら、それが心の動きのなかではたす特定の役割と、その本質が問われてくるはずである。本質は、「ある」という存在の観念自体もそうであったように、時間と空間に制約されることなく変わらない性質である。しかし、「気」は、そういうことにかかわりなく、そのときの、そこにおける心の動きを伝えることに専念している。一般に、日本語が情景描写に長けているのは、内外を問わず、日本を知る人から広く認められている。「気」の表現によって、人の心の動きも、日本語にとって情景の一つになっているように見えるのは、そのせいだろうか。今日だれでも見ることができる日本語の大きな辞書から、「気」とともに心の動きを伝える慣用句の例を取りだしてみれば、その表現力の一端がうかがえる。それは難しいことではないが、しかし、あらためてそこから「気」の使用法を整理し、心の動きの一貫性を探って、多少とも厳密に筋道を立てて説明しようとすると、説明を支える基本となる原則をどこに求めてよいかも分からず、とてもできないと思えるほど難しい。

たしかに、「気」の使用法を心理・感情・性格・行動などに分類した書物は、たやすく見つかる。しかし、それらの分類は、だいたい表面的で、「気」を考えるうえからあまり参考にならない。それよりも、多分に恣意的で行き当たりばったりとみえる使用法を、そのまま全体的に眺め、そこから受ける確実な印象によって出発した方がよい。それは、ほとんどの言いまわしが、今日の日本語の環境でも日常の体験からはっきり思い起こすことができて、なるほどと感じさせるという印象である。「(気が)狂う」「咎める」「揉める」「塞ぐ」「引ける」「滅入る」「重い」などなど、それらは心の動きと直接には関係のない言葉のようにみえながら、日常の体験からはっきりと実感することができる。また、目の前に思い浮かべることのできる具体的な風景ではないが、体験を述べた描写として現実味がある。『ことわざ大辞典』が収録している「気が合う」から「気を悪くする」まで、『江戸語大辞典』にある「気がある」から「気を好くする」まで、「気」につながる言葉は、「気は心」「気の毒」のような名詞から、「気が大きい」「気が短い」のような形容詞まで、品詞はさまざまだが、どれも体験を描写した表現として真実味がある。

さて、ある事柄について述べるとき、その言い方が記述的であるか理論的であるかに分けることがある。前者の特徴からは、ざっと具体的、感覚的、体験的、描写的などの性質が連想され、後者からは抽象的、概念的、観念的、論理的などが連想される。両者を、かりに具体的記述と観念的記述に分けてみると、どちらか一方がより本当だということはなく、あくまで言葉の使用法の問題である。そこで、日本語における「気」の使用法は、いままで見てきたところから、はっきり前者の特徴をもつと言える。それは、ある人がどちらの言い方に関心があるかという個人の問題ではなく、日本語がこれまでおかれてきた歴史的な環境によるのだろう。かりに具体的記述に使われる言葉を、すでに用いた具体語とし、観念的記述の方を観念語とすると、日本語では、観念語は総じて翻訳語であり、本書の精神分析の用語はその好例だが、もともとは中国語の文字の漢字で、日本語ではない。そのなかで、たまたま「気」のように日本語に溶け込むためには、好運と、長い年月が必要である。「気」は、それによって心の動きを描写する表現の要素になったのである。

言葉によって具体的な場面を再現しようとするのと、抽象的な内容を展開しようとするのとは、無関係ないとなみではない。また、人の言語活動は、どちらか一方で済むわけではなく、両者はつながって、お互いに行き来している。それが日本語では、たまたま言語活動が具体的な情景を描写するいとなみに傾き、人の体験も情景の一つとして表現され、一方では抽象的な意味があるはずの言葉が漢字の翻訳語であって、それが情景を再現することに、言いかえると心のなかで具体的な表象を生むことにつながりにくいのである。どこの国語でも、個々の場面についての具体語と、そこから共通する性質を引きだす抽象的な観念語が簡単につながるはずはないが、日本語では、両者がまるで無関係な言葉のように使い分けられているのが、言語活動の特徴になっている。そのうちで、言葉から具体的な場面をありありと心に思い浮かべることができるのが、日本語の情景描写の真骨頂で、その言葉は、むろん抽象的な翻訳語ではなく、観念語でもない。また、その日本語は、当然ながら感覚的で、言葉の真実味は、もっぱら感性との緊密さから生まれる。

もちろん、情景を描写するのはいつも人なので、完全に客観的な情景描写はない。感覚的な言葉は、感情としてある主観を喚起する。日常の体験のなかから何かを感じとる能力は、どこの国の人も同じだが、その感性が言葉遣いのなかにどう反映されているかは、国語によって違いがある。日本語では、あるときの、ある場面を、はっきりと心のなかに再現できるような言葉遣いが、真実を伝えるのに適している。そして、そのときの感情は、じっさいに感覚できる何かを指している具体語によって喚起される。和歌や俳句などの例をもちだすまでもなく、そういう使い方に優れているのである。しかし、言葉には別の使い方もある。観念語が日常の言語活動で多用され、子どもの頃からそれを耳にして、言わば刷り込まれてしまうような国語の環境では、いつのまにかその言葉が感情につながって、じっさいに見聞きすることはできない抽象的な意味を心に描こうとするようになるのは、想像しやすいことである。だが、私のささやかな日本語経験からしても、ここでの観念語は、学校や本で習った言葉であり、その意味もとくに記憶の必要な知識であって、その必要がないときは、言葉の知識も消えてしまうのである。

観念語は、子どもがあとになって、家庭のそとで、言わば儀礼に参加するために習い、言わされる言葉であり、一方、具体語は、じっさいの場面を心に再現するための材料になる、真実味のある言葉である。しかし、「気」を例としてもうかがえるように、具体的な現象と一つになった言葉によって、どれほど情景描写を積み重ねても、その言葉をめぐるある事柄についての、ここでは人の心の動きについての共通認識はえられない。「気」にかかわる共通認識を、その概念化と言ってみれば、情景描写では、そこに使われている言葉の意味内容を概念化できないのである。概念化するのは、一般化することに通じていて、やがて原則を立てることに向かう。そして、人は、ふたたび個々の具体的な場面と出会い、今度はその原則によって事柄を判断する。情景描写から生まれる本当らしさは、その場面をありありと再現させるが、それはあくまで個々の思い出としての記憶を伝えるのにとどまって、一般化された認識を共通の資産として、さらには原則として生みだすことはない。

「気」は、一つの慣用句が全体でまとまった意味を伝える句や文の要素になって、表現のなかに溶け込んでいるが、むろん、その表現にはなくてはならない単語で、ほとんど他に代えることはできない。人の心の動きを伝えようとするときには、「心」は当然として、他に「頭」「腹」などの身体部位や、まれに「虫が好かない」の「虫」のように、動物を指す言葉が使われる。そのなかで、「心」と「気」は、「心持」「気持」「心にとめる」「気にとめる」「心を許す」「気を許す」のように、同じような意味で使われる例も少なくないが、大方は、「心憎い」「頭にくる」「腹を割る」「虫の居どころが悪い」のように、お互いに代えることはできない。いずれの場合も、言葉の意味はわきにおかれたままで、しかも成句を作る単語として、なくてはならない言葉になっている。そういう表現では、単語それぞれの意味はしだいに軽くなり、ついにはゼロに近づく。一方、その音声と文字という、言葉の物質的で、外面的な要素は、表現にとってかけがえのない役目をもつことになる。言葉はある、そして、意味はゼロになる。といっても、言葉は通常の意味をもっていて、それ以上に探られることはないから、かえってそれにどのような意味をもたせることもできる。そのようにして、言葉は、それがあること、つまりその存在と、その意味、つまりその内容がゼロであり、すべてでもありうるという、その言葉の本質とが一つになって、実体に近づく。言葉そのものが、実体になるのである。

そういういきさつは、言葉が具体的な場面を描写しようとするとき、よく見られるのではなかろうか。例えば、「ふる池や蛙とびこむ水の音」という、芭蕉の有名な句や、「柿くへば鐘が鳴るなり法隆寺」という、正岡子規のよく知られた句には、それぞれ名詞としては「ふる池」「蛙」「水の音」と「柿」「鐘」「法隆寺」三つの単語と、動詞としては「飛び込む」「食う」「鳴る」の単語がある。単語は、どれも通常の意味をもっている日本語で、翻訳語ではなく、名詞は、みんな具体語である。「ふる池」と「水の音」、「柿」と「法隆寺」、それぞれの単語がもつ一般的な属性のあいだには何のつながりもなく、思考によって、そのつながりを追う必要はなく、追ってはいけないのである。それは俳句という文芸の性質から、断わるまでもない。そういう何のつながりもない単語が集まり、句として、ある場面を描写している。そして、全体でその情景を生き生きと再現している。それを心の情景と言ってみれば、まことに真実らしい動きを伝えている。

というのも、心の動きを伝える言葉が、たとえ思考の面ではそれぞれの意味を問われない、つまり内容がゼロの具体語であっても、あるいは、精神分析の用語のように、具体的に何を指しているのか分からず、基本的に思考だけに頼る観念語であっても、言葉そのものは、もとをただせば、どちらも人の心のなかで働く表象であることに変わりはないからである。言いかえると、音声や文字としての言葉そのものは、何かのふりをした見かけであって、人はそれに対して、心のなかの表象を処理することによって応えるのである。二つの句からは、具体語によって、心のなかに表象が次々と生まれて、一つにまとまり、場面が再現される。それがいかにも真に迫っているので、言葉が大いに意味の効果を発揮するると言えるだろう。一方、漢字に翻訳された観念語からは、具体的な場面につながるような表象が生まれにくい。そのことはどの国語の観念語についても、多かれ少なかれ共通しているだろう。しかし、だからといって観念語の意味の効果は、具体語に比べて必ずしも少ないとは言えない。

一般に、欲動が人の心に生みだす表象は、やがて欲望として筋のあるシナリオを描きながら、欲望の対象そのものを見かけの場所に据えようとする。欲望を完全に満たすはずの対象は、存在と本質が一つになった実体であり、見かけとしての表象が、その対象となって、人はそれに同一化しようとするのである。言語表象では、言葉の音声や文字がそうした表象として、あたかも実体であるかのように、見かけになるのである。ところが、実体の本質は、見かけの表象としての言葉では、じつは具体語に限らず、観念語においても、その内容はゼロである。どちらの言葉も、つまるところ見かけとして、その実体はゼロなのだから、それが隠しているものは何もない。ところが、言葉は、その意味の効果として、人の想像力によって実体化されるのである。一般に、音声であれ文字であれ、言葉が意味を生むのは、それが刺激となり、人を興奮させるからであるのは言うまでもない。しかし、その興奮が心に呼び起こす表象は、同じ刺激として受け取った自国語と外国語の例を見ても分かるように、人によって大いに違う。意味は、刺激がもとで生まれた表象を心で処理する過程であり、興奮の後始末から生まれるとも言える。

言葉が、まとまった意味を伝える文として効果をもつとき、具体語は、情景を生き生きと描写するのに役立ち、観念語は、抽象的な考えをつなげていくのに役立つ。前者は文が本当らしく感じとれることに、後者は文が本当らしく思われることに役立ち、前者を情景描写とすれば、かりに後者を思考表現と呼んでもよいだろう。両者は、同じように単語の伝統的な意味を背景にして効果を発揮するのだが、具体語が「ふる池」や「柿」のように、あまり時代や場所の制約を受けずに意味を実感させるのに対して、観念語は、その抽象的な意味が国語のなかで歴史的に形成された面が無視できないので、日本語のように、観念語をほとんど漢字の翻訳語に頼る国語では、考えをつなげて、本当らしく思わせる文ができるのに独特の難しさがある。例えば、精神分析の基本概念である「欲動（Trieb）」は、最近使われるようになった翻訳語で、その出自は不明であって、意味も漢字だけに頼り、英訳（drive）や仏訳（pulsion）のように、国語のなかに場所をもたない。たまに大きな国語辞典のなかに、精神分析用語と断って短い説明はあるが、歴史的に形成された意味はないに等しい。精神分析では、欲望、対象、享楽、想像界などとの関係によってはじめて意味をもつ言葉である。それが日本語として、これからどういう使われ方をするかは分からないが、広く受け入れられるような意味をもつ可能性は少ないだろう。

それでは、国語のなかで意味が形成された歴史のない翻訳語ばかりを並べて、それを観念語として使う日本語には、抽象的な考えをつなげていく思考表現がないとか、できないかというと、そうではない。言葉は、どの国語でも、具体的な場面の伝達にとどまることはできない。そこから事物の一般的な性質や本質を抽出しようとするのは、言葉を発明したことにともなう心の動き、すなわち人の思考の働きだろう。それもまた、心のなかの事実である表象の本当らしさを伝える抽象的な言葉を作った、人に固有の資質である。日本語では、そういう事実の本当らしさを伝えるのに、具体語を並べた情景描写が適しているので、日常の言語活動では、肝心なところでそれに訴える。そうするのは言葉の機能のせいではなく、その使い方の特徴である。そして、そのことから日本語による事物の見方や考え方の特徴が現われる。というのも、言葉の使い方だけが、それを目に見せてくれるからである。

そこで、日本語では言葉による思考表現も、それが真実味をもとうとすれば、情景描写に近づく。これは非常に奇妙な言い方かもしれないが、心のなかにある事実と言葉の関係を考えてみれば、情景描写と思考表現が、根本的に言葉の真実味の領域を共有しているのが分かる。両者にとって、心のなかにある事実が表象であるのは、まったく同じで、それが真実味をおびるのは、表象がいかにも実在しているようにみえる度合いに応じている。つまり、心のなかにある事実が、そとにある事実のようにみえるのである。見かけは、それを作りだす（＝ふりをする）のに役立つ。具体語も観念語も、大いにその役目をすることがあるのは同じである。具体語では、それの指すものが実在すると思わせることによって、存在と本質が一つのものとして表象されるのはふつうのことなので、それは何も説明しないで、いっさいを説明しているとも言える。一方、観念語は、そもそも事物の本質をこれから説明しようとして使われる言葉なので、すぐには具体的な事物の本当らしさに近づけない。とくに、それが漢字や音声による翻訳語であってみれば、与えられるのは言葉の外見のみである。ところが、その外見が、見かけとして事実を作りだす役目をする。「ふる池」や「法隆寺」も、そもそも、それに本当らしさを与えているのは、言葉の見かけの力である。日本語では、そのためには情景を描写する言葉が適していると、一般に考えられている。しかし、「気」のような翻訳語にも、けっしてその役目がないとは言えない。

「気」は、目に見えるものを指す具体語ではないが、抽象的な観念語でもない。それは実在するものを表象させるような言葉で、心のなかにあっても、そとから心の事実を作りだすような力をもっている。だから、それは日本語の表現において、情景を描写する具体語の役目と、思考表現のための抽象的な観念語の役目を兼ねていると言える。すなわち、「気」によって、心の動きの原理を考えようとする観念語が、具体語になる。

ところで、あらゆる具体語の意味の効果は、「感情」と、それに連なる漢字の言葉がよく表わしている。すなわち、「感」は、「感覚」から始まって、「感応」「感興」「感動」など、「情」は、「情緒」「情動」「情趣」など、また「感情」の文字を逆さまにすれば、「情感」になる。情景を描写する文は、それらの「感」と「情」をともにする言葉によって、意味の効果が集約されると思われるが、日本語では、観念語もそのような効果をもたなくては、真実味があるとは言えない。そこで、思考表現も、つまりは具体的な場面をスケッチしたような描写に近づくことが求められ、知らず知らずのうちに、そうした基準によって虚実を判定されることになる。「気」は、表現のなかで基準を満たして日本語になった、みごとな例である。しかし、心のなかの表象が、具象から抽象に移るのは、一般にそう簡単ではない。両者は、とうてい一足飛びにつながるとは思えず、具象から抽象に移るためには、具象的な表象を解釈するという、人の心の働きがどうしても必要になる。具体語が、そのまま場面をスケッチするための単語として終始するならば、言語の表象と実在物は一つになったまま、実体化され続けるので、言葉として分析されることもなく、解釈もできない。

日本語は、自然の情景だけでなく、心の動きも情景として描写するのに優れている。「気」は、そういう言葉の環境で日本語になった。その結果、ますます具体語に近づいて、分析や解釈から遠ざかったようである。それは、心の動きを写生する表現の材料として、今ではなくてはならない日本語になったが、少し広く目を向ければ、漢字やそれに翻訳された西欧語と、日本語の環境のなかでたどる運命をともにしているのが分かる。漢字や翻訳語は、たとえまったく抽象的な観念語であっても、それぞれはスケッチの細部に使用される材料として日本語になるのである。そうでない観念語は、内容があるように見えるだけで、疑惑と魅惑をともに生むような単語であり続ける。ここでその本当らしさを探ろうとするなら、そういう観念語に対しても、個々に、そのつど「感」と「情」によって反応するよりない。そして、「気」のように、ここで広く実体化された言語表象を人の心に生みだす言葉となって、国語に溶け込むのである。

けれども、その言葉を使った写生文が、どれほど本当らしさを伝えても、例えば「気」のように、それを心の動きを描写するのに使って、「狂う」「違った」「触れる」などの表現によって人の心の病を、それのせいにするのは、当の病を人の思考の領域からはずしてしまうことになるだろう。そういう言葉の使い方は、現象がいかに多様であっても、その根本をある実体化された単語に依託しようとする。それは、前に合理的アニミズムと呼んだ立場であって、ある見方からすれば、思考を節約することだとも言える。なぜなら、ある文のなかに実体化された言葉が一語でもあって、それが他の言葉と関係なく、それ自体で実在する何かを表象させるとしたら、文のなかの言葉は、それぞれがばらばらになってしまう。そうしたとき、写生文にまとまりを与えるのは、それが全体として人の心に生む、体験としての感情である。が、文の材料として使われた言葉と言葉の関係は、最後まで問われないままである。それが、ふつうの写生文の特徴だろう。

一方、論述文では、言葉どうしのつながりが納得できなければ、全体としても訳が分からず、ことさら感情を誘発することもない。言葉と言葉の関係を明らかにしていくのが、文の眼目である。それぞれの言葉は、つながりによって意味が限定され、同時に広がって、はっきりと心に描かれるようになる。論述文は、言葉の関係を追う力から生まれると言える。写生文も論述文も、その意味作用から本当らしさを生むという効果において同じである。どちらも、それを生むこともあれば、そうでないこともある。また、言うまでもないが、日本語を話す人に思考力が乏しいわけではない。同時に、日本語が写生文に長けていても、それがいつも本当らしいわけでもない。人がじっさい目にするのは、ほとんどがステレオタイプの写生文である。絵画に喩えれば、すでに描かれて、いくども見たことのある写生画の細部に、色や形を少し変えて、それが何か別のものであるようなふりをしている。人は、毎日、そういう写生画を見ているのである。

論述文についても、事情は根本的に変わらない。日本語では、観念語を使って思考するふりをしても、その文は写生画に喩えられる。つまり、観念語の翻訳によって描かれた抽象的な概念を風景の材料に見立て、それによって日本の写生画を描くのである。それが具体語を材料にした文と比べて真実味に欠けているのは、人の思考力の乏しさのせいではなく、日本語における観念語の由来をふり返らなくてはなるまい。具体語では、「蛙」や「柿」のように、日本語を漢字に直しても、その他の動物や植物を指す多くの漢字と同じように写生文を作るうえで差し障りがない。ところが、漢字には「天」や「道」のように、その実在を日本語でも具象的に描けそうでいて、観念語に傾いたものがあって、「気」もその好例であるが、一方「真」「徳」「理」「義」「善」などのように、観念としてだけあって、もともとの日本語では意味がはっきり分からなかったものもある。人は、それぞれの漢字の表意性に頼ったとしても、中国語で考えてきたわけではないので、漢字どうしのつながりを追究した体験がない。中国語から教えられるのは、せいぜい一字ごとの意味であって、それによって自分の思考をたどったことがないなら、文字は、いつまでも外見としてとどまるよりない。

そういう文字が、近代以後、西欧語の翻訳にも使われるようになったが、事情は少し複雑になっても、根本は変わらない。すなわち、漢字に翻訳された観念語は、それによって人が思考文を作るふりをするのに利用されたが、作られた文は、あたかも一語一語がそれぞれ独立して実体化された実在物を指しているかにみえる具体語に近づいて、写生文になったのである。そこで、人が目にする日本語の論述文の多くは、再び絵画に喩えれば、すでに翻訳語によって描かれた抽象的な観念の風景を、同じ翻訳語でなぞり直し、上塗りを重ねているのである。風景は、その細部をいかに精緻に、正確に描かれても、全体としてはいくども見たような、ステレオタイプの写生画である。

「気」によって心の動きを描いた多くの表現は、日常の慣用句となり、それ自体が写生画としての文の要素になっている。それは目に見える具体物ではないが、あたかも独立した具体語のように使われている。その事情は、翻訳された他の観念語と共通しているが、「気」は心の風景描写の要素として、すっかり日本語のなかに溶け込んだのである。すなわち、もとの抽象的な意味から解放されて、それ自体が写生文のなかで実体化された言葉になったのである。日本語では、翻訳された観念語の多くが写生文の要素になれないまま、よそよそしくしているが、そもそもは文の本当らしさの面で、写生文と論述文に違いはない。ただ、写生文には具体語どうしをつなげる感覚に本当らしさの鍵があるのに対して、論述文には観念語どうしの関係を追うことで、言葉の意味を明らかにしていくところに鍵がある。「気」が、心の動きを表わす真実味のある慣用句として広く用いられるようになったのは、それが写生文のなかで、あたかも実在する具体物のようになって、日本語の動詞や形容詞ときわめて自然に結ばれるように感じられてきたからであろう。

そういう慣用句において、「気が狂う」がよい例であるが、「気」は人の心を支配する主語や主体であると言われる。主語や主体は、述語や客体に対して使用される言葉である。しかし、慣用句のなかで心の情景描写の要素として使われている「気」は、じっさいに主語や主体でないのが、その表現からすぐに読みとれる。例えば、「気が狂う」にしても、「私は、気が狂う」と言うことはもちろんできるし、そのさい「私」が主語か、主体か、あるいは「気」がそうであるのかと問うてみても、あまり意味はない。なぜなら、「気が狂う」は、前にあげた「風が吹く」や「鳥が飛ぶ」の例と同じように、「気」と「狂う」のそれぞれを分析して、観念的につなげたわけではなく、一つの事柄だけを現象そのものとして述べているからである。それは「気が進む」「気が気でない」など、主格の助詞「が」をとって、主語のようにみえる慣用句の多くについても同じである。また、かといって「気」は、述語にはならないのではと言えば、内容的に必ずしもそうではない。「あなたは、気が強い」は、「あなたが強いのは、気だ」という意味に解してもよいし、「気が詰まる」は、「詰まっているのは、気である」ということである。

「気が狂う」は、そこで、「気」をたんに実体化された具体語として心の動きを情景描写する要素として使い、一つの現象をただそれだけとして表現している言葉の使用法であると言える。「気が狂う」という表現には、「私」や「あなた」や「あの人」のような、主語や主体にしようとすればできる言葉が省略されている。そこには本当らしさが十分に感じとれるが、だからといって「気」が主語であるわけではなく、狂っているのも「気」ではなく、「人」である。表現からは省略されているようにみえる「人」が、じっさいには「気」をどう扱っているかをみても、そのことの一端がうかがえる。そこでは、「気」は、人の心を支配する主体ではなく、「人」がそれを扱う客体になっている。「気を転じる」「気をつりあげる」「気を休める」「気を取り直す」などの表現をみれば、それは明らかである。それらの表現は、「気」が「人」から客体的に扱われるという見方を示している。

それというのも、「気」は、写生文のなかで、実在する対象のように思われているからである。それは情景描写の要素でありながら、自立的に存在し、他の要素との関係に縛られることなく、それだけで独立している。「人」は、そういう対象を写生文のなかで、客体的に取り扱うのである。また、「気」が、そういう対象を指す言葉であるからには、「人」がそれを扱う方法は、操作的である。つまり、その対象は、意味を問われることなく、もっぱら実益をもたらす結果を念頭において扱われる。写生文にとっては、言葉どうしの関係によって意味を探るのは、それを本当らしく見せることにはつながらない。一方、精神分析の立場は、分析家の日常経験に基づいているのは言うまでもないが、その叙述の真実味の根幹を観念語による論述文にゆだねている。本書では、すでに「気」を精神分析の欲動に近づけてみたが、欲動はそれ自体で存在する対象ではなく、操作的に扱われる客体でもない。それは、他の観念語との関係で初めて意味をもつ言葉である。

欲動は、ふつうの人の日常においても、それがじっさいにどう動いているかを突き止めるのは非常に難しいが、あくまでも観念語として人の心の動きに広く関わっている。日本語の「気が狂っている」とか「気が変だ」などに対応するとされる、翻訳語の神経症や精神病など、広く人の心の病について述べるとき、欲動は、去勢という現象に照らして考えられ、去勢は、また、エディプスや抑圧や欲望や無意識や象徴界などとの関係をとおして述べられる。人は、それらの観念の根底をなす存在であるが、それも最終的に本質を述べつくされることがないのは、他の観念語と同じである。そういう人が、心の病に苦しむのであって、人が狂うのは、精神分析からすれば、人が言葉の世界で言語活動をするからである。フロイトは、そのことに早くから気づいていたが、人を規定するその場所を象徴界として、他の領域とははっきり区別することはしなかった。去勢は、人が否応なくその場所に編入されるときに受ける試練であって、それぞれの人のそれへの対応の仕方が、以後の心の動きに決定的と言ってもよい影響を与える。というのも、欲動について考えられたことから、人が去勢を完全に受け入れることできないので、何の問題もなく対応することはありえないからである。

III 「気」と無意識

人が言葉の世界で受け入れる去勢は、象徴的去勢であるが、それを避けようとすると、そこには去勢されるのではないかという、想像的去勢の不安が待っている。去勢を拒むか、認めないか、どちらにせよ、人はそれを避けようとして「気が変」になり、心の病が続くのである。そのように象徴界とうまく折り合いのつかない状態は、人の症状となって現れる。症状は、人に象徴界のそとの力が働いている証拠とも言える。象徴界のそとに追い出されたのは、現実的なものの領域であるが、症状は、そこに象徴的なものの形をして現われた人の言動である。人には、母の身体を「もの」として直接に享楽することは不可能で、そこには必ず言葉という象徴的なものがあいだに入る。しかし、言葉は、個々の事物を名指すだけで、享楽に関わる「もの」それ自体を言うことはできない。そこで、人のいかなる言語活動も、心のなかに言葉にできない表象を、あるいは意味の分からないイメージを残し、それらが無意識的と呼ばれるのである。

無意識は、人が言葉を話すことから生まれる結果の一つであり、精神分析の言動はもちろん、言語活動に依らない人のいとなみはない。そこで、無意識が言語活動の結果だとすれば、症状は、その無意識から生まれた結果の一つだと言える。人は、だれでも言葉の意味が分からないままに喋り続け、それが心のなかにあって、じつはどこにもない表象を言い当てていると思いたがる。だから、無意識的なものは、人の言語活動のなかに探るより仕方がない。精神分析の背景にある思考文を作ろうとする言語活動も、「気」の表現の背景にある写生文を作ろうとする言語活動も、それぞれが症状であり、真理と呼ばれる本当らしさと意味の効果とを、象徴的なものをとおして、そとからもたらそうとしているのである。つまり、無意識は、それがあるかないかという問題ではなく、人の話しとふるまいから生まれてくる現象である。そして、それが精神分析の実践において生まれてくるという意味では、そこだけで問題になる現象である。

症状は、通常、個人にとって不快の原因になり、苦しみをもたらすが、集団では、人々を結びつける正常な現象ともみなされる。前に「気」を宇宙に遍在する実在物とみなすのを合理的アニミズムの立場と呼んだが、それも集団的な症状の一つである。「気」は、宇宙の全体を構成する物質で、森羅万象を生む「一」としての存在とされているが、じつは人が作った象徴的な材料の一つで、それを心のなかですでに失われた対象と同じような「一」として表象しようとしているのである。だが、症状として現われるのは、「精霊」がよく似た例を示してくれるように、象徴的なものを実在するものと見なして、それを扱う言動である。「気」についてみれば、他のあらゆる対象と同じように、その属性を最終的に明らかにできるような存在ではなく、象徴界を作りあげている材料であるにもかかわらず、その言葉の音声と文字を実在する特別な対象のように扱うとすれば、そこに症状が現われると言えよう。

日本語の「気」の使用法からは、根本において、そういう症状がうかがえる。「精霊」には、さまざまな「名」があり、ときにはそれを口にしてはいけない場合もあるが、かえって、それは実在するものの表象となり人の運命を支配する。「気」は、中国から伝えられた文字であり、それがここで読み書きされて、人の心を動かすとされる言葉になった。つまり、日本語では、目に見えないものを見えるものに変えて、それを伝来の「気」に託したのである。「気」は、あらゆる言葉と同じように、それが実在するものに近づくほど、単独で、自立した具体語になる。そして、どの具体語も属性は明らかでないのに、それだけで意味があるようにみえるのは、言葉がそのふりをするから、つまり意味があるような見かけを作るからである。では、すべての具体語には、それ自体の意味がないのか。そうなると「蛙」にも「柿」にも意味がないことになる。そんなバカなことがあるものか、と言われるだろう。「蛙」や「柿」は、具象的な単語であり、それぞれが心のなかに表象を生む。つまり、具体語の単語としては意味がある。しかし、それらはすべての具体語と同じように、「一」の表象ではない。その点において、それぞれの違いはない。だから、それに固有の意味はなく、あるようにみえるのは、単語がそのふりをしているからである。だが、具体語にそれぞれの違いはないと言っても、それらが文のなかに集められて、意味の効果を生むのは言うまでもない。

ところで、写生文のもつ意味の効果は、言葉と言葉の突然の出会いや、遭遇から生まれる。それは、感覚的に体験される意味の効果である。一方、論述文のそれは、抽象的な言葉をつなげることから生まれる。そこには、直接的な感覚からは体験しにくい言葉の表象をたどろうとする、心の働きがある。写生文は、何かを描写しようとすることから、その本当らしさが生まれるのに対して、論述文は、何かを解明しようとすることから、それが生まれると言える。それぞれの文において、言葉の使い方が違うのは当然だろう。「気」によって心の動きを表現する文は、すでに述べたように、写生文である。それは心の動きを解明しようとする文ではなく、「気」を独立した具体語に見立てて、心の動きを風景として描写した文である。しかし、心の動きを解明するための言葉として、「気」を重視する立場があるのは不思議でない。なぜなら、日本語では「気」にかぎらず、抽象的な意味の漢字による翻訳語が、論述をすすめているような姿形をとるのは、日常の言語活動にみられるからである。そこで、「気」にもすでに何か観念的な意味が詰まっていて、これから論述文を作るにも役立つようにみえるのである。

一般に、漢字の翻訳語は、観念語になりにくい。少し極端には、日本語で論述文の本当らしさを生むような観念語はないと言える。自然科学の言葉については、事情はぜんぜん違うだろう。はじめから、それは事実としての現象に関わっているが、本当らしさと事実とはまったく違う。人の心は、いくら事実を突きつけられても、それによって本当らしさを体験するとは言えない。自然科学の言葉は、つねに現実的なものを言い当てているようなふりをする。それは象徴的なものによって、いつか現実的なものが言いつくされると想像しているためだろうか。それが不可能だと分かっていても、その希望を捨てられないからである。しかし、人がそういう想像をすればするほど、その言葉は見かけになる。そこで、自然科学の言葉が本当らしさを具現しているとみなすのは、見かけとしての言葉を実在と取り違えて、宇宙の見取り図を作ろうとするアニミズムの立場に通じている。「気」は、自然科学の言葉と両立するのを想像するのはたやすいが、それによって人の心の動きを解明するのには向いていない。

精神分析は、宇宙のではないが、やはり人の心の見取り図を作ろうとしている。それは抽象的な用語によって心の動きを解明しようという立場で、それぞれの用語は、いつも他の用語とのつながりから意味を生む。だから、その用語によって見取り図を作ろうとする文は、心の動きを描写する写生文ではなく、推論によってそれを究明しようとする論述文である。しかし、用語が漢字の翻訳語になると、他の分野の論述文におけるのと同じ運命をたどる。すなわち、それらは写生文における個々の独立した言葉のように、それ自体で意味の効果を生もうとする。欲動、表象、去勢、無意識などは、どれもそうであるが、しかし、写生文の要素としては、「気」のような日本語の表現に溶け込んだ言葉に比べると、まるで親しみがなく、それによって人の心の動きを本当らしく描くことは、およそできそうもない。

写生文では、それぞれの言葉が、単語として意味があるようにみえる。「風」や「鳥」のように、たんに文の要素になった言葉だけではなく、俳句のなかの「蛙」や「柿」のような言葉もそうである。そういう言葉は、ときにはありふれた組み合わせではなく、新奇な、思いがけない出会いによって、意味の効果を生む。しかし、それは感覚的な効果で、言葉それ自体は、意味がありそうに思わせているのである。そのことは、論述文における単語としての抽象的な言葉についても同じである。そこでも、すでにいくども繰り返された組み合わせをなぞるだけで、陳腐な写生文と同じように、それぞれの言葉に意味がありそうなふりをしているのである。それらの観念語は、はじめから実在物とは切り離されて、空虚であるにもかかわらず、具体語と同じような見かけの効果を狙っているのである。その場合、思考するふりをした文は、観念語の意味を探ろうとしている論述文とは言えない。

どの文でも、言葉と意味の関係は共通している。「気」も、「月」とか「馬」のような具体語や、「欲動」とか「無意識」のような抽象語と同じように、その意味がすでにあるわけではない。意味が何らかの効果として考えられるのは、それが生み出されるものだからである。ドイツの数学者フレーゲが述べた、言葉と意味の有名な例を思い起こしてみよう。「明けの明星」は、「金星」を意味しているが、「宵の明星」も「金星」を意味している。どちらの表現も「金星」であるのは同じだが、それぞれは文のなかのあり方が違う。すなわち、「金星」の与えられ方は、文脈によって異なる。それでは、「金星」という言葉は、同じ二つの「明星」が指している唯一の対象として、すでにある意味をもっているかというと、精神分析ではそうは見ない。「金星」も二つの「明星」も言葉の表象であるのは同じだが、もちろん、人によってさまざまな表象だからといって、そう見ないのではない。あくまで、意味はすでにあるものではなく、生みだされるものだからである。そこで、言葉は、文のなかの与えられ方によって、その意味を考えなくてはならないと言っても、言葉のたった一つの与えられ方とか、正しい与えられ方があるわけではなく、ある言葉がある対象に、その真理として結ばれるわけでもない。

精神分析は、実践のさいに出会う相手の言葉について、「それはどういう意味なのか」とは問わないで、「そう言っていることの意味は何なのか」と問う。つまり、相手の言葉は、それを言うことによって分析家とのあいだにどういうコミュニケーションを実現しようとしているのか。「そう言っていること」に対して、何かがその人に答える。その答えが意味である。人が言いたい何かは、その人の言った通常の意味にはふくまれていない。例えば、ある決まり文句をひたすらくり返すことによって、その人は何を言いたいのか。文句の意味はだれでも知っているが、その人はそれをくり返すことによって何らかの意味を生みだそうとしている。それは決まり文句の意味ではなく、むしろ、その文句が通常の意味をもっているので、その人が「そう言っていること」の意味は、置き去りにされて、言われたことの背後に隠れてしまう。とはいえ、何かがその人に答えなければ、意味は生まれない。しかし、答えるのは、個人としての分析家ではない。

人は、分析の場面を思うまでもなく、はじめからものを言う存在である。生まれて間もないころの叫び声は、母から空腹として解釈され、乳を与えられる。やがて、人は言葉によってもっと何かを要求するようになるが、それには、たんに乳を求めるという生物的な欲求を越えて、母の身体を享楽したいという欲望が息づいている。しかし、それはできないことで、対象は何であれ、人は当初から享楽を犠牲にして生きてきた。それと引きかえに、人はこの世で意味を与えられてきたのである。すなわち、人は意味の名において、享楽を断念しなくてはならない。だから、意味は人が生きていくために、ずっと生みだされなくてはならないのである。人が言葉で要求しているのは、たんに生存のために必要なものではない。しかし、その先へ行こうとしても、そこには越えることのできない享楽の壁がある。その手前で、人にできるのは欲望することである。だから、欲望は、人が何かを言葉で要求すると、その言葉の余白に生じることになる。意味は、欲望が生動するその余白を埋めようとするのである。そこで、享楽が言葉の世界における不可能を指すとすれば、欲望は言葉における欠如を指していると言える。

ところで、言葉は象徴界の材料であり、意味は言葉と深い関係があることから、意味を支えているのは、象徴的なものであるようにみえる。しかし、象徴界と意味の関係は、それとは別の面からも考えなくてはならない。というのも、言葉と意味が深い関係にあるとしても、象徴界それ自体は、時間の経過という観念には無関係で、いわば共時的な性質を特徴としているが、意味を生むためには、どうしても時間の経過が必要だからである。一つの言語体系のなかの言葉のあいだにあるのは、差異だけであると、よく言われる。つまり、日本語において「星」と「亀」の意味を支えているのは、時間に関係のない象徴界における、それぞれに異なった音声と文字だけである、と。けれども、精神分析では、そういう見方をしない。言語学でも、いわゆる通時態という観念によって、意味は歴史的、社会的な産物であり、個々の言語記号の関係は時間とともに変化すると説明されることがある。しかし、「星」と「亀」の意味は、ついぞ共時的な象徴界自体によって支えられたことはない。むしろ、象徴界は、それらの言葉の意味をいっとき宙吊りにして、関係を断ち切ってしまう。ただし、それはあくまでもいっときのことである。

言葉のあいだに差異を認め、それぞれを結びつけて意味を与えるのは、人の心の想像する働きである。人の心が動くためには、それぞれの人の心に時間の経過がなくてはならず、それは個人の心の時間であって、ふつうに言われるような歴史的、社会的な時間ではない。精神分析にとって、時間とは欲求を言葉に変えようとして、そのつど舌足らずの失敗をくり返す要求と、欲求と要求の隙間から生まれる人それぞれの欲望が、みずからの運命をたどるのになくてはならない時間である。そこで、享楽の断念と意味の産出を同時に実現するには、欲求が根を下ろす現実界と言葉が構成する象徴界が何らかの形で結び合わなくてはならない。それを可能にするのが、人の心が働いて作りだす想像界である。想像界によって、二つの領域が結び合うことはできるが、同時に、その働きいかんによっては、結び合いがほどけて、意味を生みだすのにしくじり、そのために人がこの世で生きるのに、症状と呼ばれる不快や苦痛が生じる。症状は、この世で人の心に意味が生まれようとするときの苦しみ、しくじり、葛藤などを表わす。

　症状は、ふつう神経症や精神病についてよく使われる言葉であるが、根本的には、去勢に対する防衛の仕方から生じるのである。防衛が、象徴界の通常の枠をはずれて、現実界とうまく結び合えないとき、想像界は、規範的な同一化をもとにしたこの世の意味を生みだすことができずに、人は苦しむのである。そのように、精神分析は、心の病についても、時間の経過とともに変化する人の心の動きを推論によって一般化しようとする抽象的な思考文の立場をとっている。それは「気が狂っている」ような、「気」によって心の状態を描写する立場とは、少なくとも表面的には、まったく違っている。

　その違いを表面的と言うのは、「気」もじっさいの表現において、やはり想像的なものと密接にかかわっているからである。例えば、ある人が、あの人は私を憎んでいると感じ続けているとき、じつは、私があの人を憎んでいるのだと思ってみたらどうだろうか。また、みんなが私を仲間はずれにしているときのだと思っているとき、いや、私の方がみんなを仲間はずれにしているのだと思い直してみたらどうだろうか。いずれも、想像的な自己像にかかわることで、心のなかの自分の姿を変えることが問題になっている。そのようなとき、日本語の表現は、きまって「気」の持ちように言及して、何ごとも「気」の持ち方しだいで、それを変えるように促す。心の働きの中心は、感覚だけではなく、想像的な面にもあるのだから、「気」の表現に自己像が介入してくるのは当然である。しかし、自分の姿を変えるには、時間の経過を考慮した説明が必要で、精神分析は、それを抽象的な用語による論述文によって行うのである。それは日本語による本当らしさの表現からは、たしかにかけ離れているとしても、一方の「気」による表現は、せいぜい標語かスローガンの、あるいは助言のもつ意味の効果を生むにすぎない。

「気になる」という表現がある。それだけでは、心にひっかかる、心から離れないということだが、「何々の気になる」とか「何々する気になる」となると、すぐにある人の同一化や意思が表面に現われる。そのように、「気」の表現は、それが現実的な領域にではなく、想像的な領域にあるのを知らせている。ところが、それについて、一方では実体化された具体語として、究極の物質を指しているという見方も生きている。それは、ちょうど前にあげた芭蕉や子規の「蛙」や「柿」のような具体語である。俳句の解説書には、そういう具体語の性質を「言葉のどんづまり性」と呼んだ興味深い例がある。(6) それによると、ぎりぎりの究極にまで言葉を押し詰めるとともに、そこで自分を打ち出す、したがって自身が究極どんづまりの立場で表現するところに俳句らしさが生まれる。そのためには、少しでも抽象化、一般化されてはならず、理論化したり、理窟の匂いがあってはならない。あくまでも具体的な人間や事実をとらえ、それを目に見えるように、具象的に表現しなくてはならない。そうして見つけだされるのがどんづまりの具体語である。

「気」は、中国の思想史で、観念語として大きな役割を果たし、それとして知覚できるものでもないので、もちろん俳句のなかの具体語とは違う。しかし、言葉のどんづまり性という面では、具体語と観念語の違いはない。観念語も、そういう性質をもった言葉とかかわっているのである。前にあげた、パルメニデスの「一」が、そのよい例である。矛盾した言い方かもしれないが、俳句は、具体語によって、パルメニデスの「一」を無数に生みだそうとしている。むろん、ほとんどの俳句は、陳腐な言い回しを繰り返すだけの、愚にもつかない写生文を増殖させているだけであるが。そこで、「気」は、日本語の表現において人の心の動きをとらえたどんづまりの言葉の一つと思っても、いっこうに差し支えはなかろう。だが、それを用いる利便性と、表面的な広がりとはうらはらに、現在ではほとんどが型にはまった常套句になって、観念語による心の動きの理論的な探究を難しくしているのである。

具体語による表現は、何を目標にしているか。それは、時間や空間を越えた普遍的な人間性である。俳句についての少なからぬ論考が、だいたい同じように、そう述べている。それでは、人間性とは何か。いまの解説書は、「一人一物の、そのひとつっきり、一回きりの生の姿」が、深くなるにつれて幅広い、共通の人間基盤になったもので、そうした深さにおいて、普遍的な人間のあり方に到達するのだと述べている。具体語は、そうした深さを増せば増すほど、人間性の本当らしさを表現した言葉になる。その人間性は、普遍的であるがゆえに、それを表現した本当らしい言葉は、真理に近い、あるいは真理であると言ってもよい。普遍的とは、例外なく、すべてに共通していることである。いずれにせよ、そういうどんづまりの言葉は、具体語であれ、観念語であれ、何らかの言葉である。同時に、言葉と究極の本当らしさ、すなわち言葉と真理の関係には、具体語と観念語の違いがないのを忘れないようにしよう。

当たり前のことだが、言葉による表現は、一つの例外もなく言葉によって行われる。ある言葉が、ある事柄について、その本質を完全に言い当てることができたとするなら、そこに真理がある。だから、ぜんぶの事柄、事柄の全体についてそうすることができれば、そこにたった一つの真理、全体的な真理があることになる。しかし、それもやはり言葉である。普遍的な人間性、つまり人間性の真理は、むろん観念語によっても、これまでずっと追究されてきたと考えてよいだろう。そこに、具体語と観念語の違いはない。あるのは、言葉と真理の関係という共通した問題である。ただ、具体語による表現を論じるとき、俳句を対象にした論考がよい例だが、その「人間性」とは何かということを説明せずに、それが「ある」のを前提にして話をすすめているようなふしがあり、それが広く行きわたっているのが目につく。いまの解説書の「生の姿」も、とうてい「人間性」の説明にはなっていない。おそらく、「人間性」とは言葉であるのが忘れられているのだ。

そのことは、「気」の表現についても言えるだろう。すなわち、「気」が言葉であるのを忘れて、あたかもそれが「ある」かのようにして、ものを言うのである。精神分析では、人が行う言語活動と、言語活動を行う人とをはっきり分けている。それは根本的なことで、いちばん肝心だと言ってもよい。なぜなら、言語活動と人とを分けることが、無意識の観念を支えているからである。両者は、一つになったり、混同されたりすることができないので、当然、人を十全に表現するような言葉はない。同じことだが、人を表現する究極の言葉はない。言葉の意味という面からは、あらゆる言葉に、究極の意味はない。意味を十全に表現できる言葉はないのである。意味は、言葉の効果として、時間とともに想像的に与えられるだけである。言葉は、その契機であるにすぎない。したがって、それは実体として実在するものではない。ところが、人は、現実的なものと言葉の表象を混同して、あたかもその表象が、目の前にあって感知できる実在物のように想像することがあり、それが言葉を実体化することにつながっている。

人の心の動きを考えるにあたって、「気」の表現は、そうして言葉を実体化しながら、ますますその意味の効果を高めた一例を見せてくれるが、その先には進まない。具体語と観念語は、どちらも実体化されることがありうる。それによって、人は言葉と一体化するが、それとともに、言葉（文字）はますます見かけになる。人は、同一化によって、それを自分の十全な姿と取り違え、あたかもそれが実在していると想像するのである。日本語のなかで、「気」について起こったことは、明治時代以降に西欧語の論述文を翻訳した漢字の観念語についても、ただそれらが日本語に溶け込んでいないだけで、事情は同じである。翻訳された観念語の論述文は、日本語では写生文となり、観念語は具体語のように実体化されて、思考の脈絡から切り離され、あたかも対象を感知できる指示語のように、その意味を問われない。日本語のなかに翻訳語として生き延びるためには、そうなるより他になかったのかもしれない。

「気」は、まさにそういう漢字の翻訳語が、時代とともにすっかり日本語になった、きわめて幸運な一例だろう。同時に、それは実体化された見かけとなり、日本語では、心の動きや状態を理屈で探るのがいよいよ難しくなった。むろん、「気」に限ったことではないが、われわれの言語環境では、言葉が見かけとなった具体語としてあまり行きわたっているので、そのことさえ忘れられているのである。言葉と実在を一つにするのは、さきにアニミズムの特徴の一つとしてみたように、無意識のもっとも広い、集団的とも言える現象である。何かを意味がわからないままに、実在したものが残した文字として受け取り、それを読んで言葉にしながら、人がその言葉に支配される。そうして、その文字を読んでいるあいだが、無意識の状態である。文字をいくら読んでも、言葉には究極の意味がないので、無意識がなくなることはない。しかし、それをどこまでも読み解こうとすることはできる。その筋道を支えようとするのが、精神分析の理屈である。

「気」が生動する写生文の世界は、あらゆる理論の世界と対立し、理屈の匂いさえも拒否して、頭の世界ではない、心臓の脈打つ世界を実現しようとしている。それは、まったくその通りだろう。しかし、言葉で作られた文によって、そういう世界はつまるところ実現しない。言葉は、いっきょに全体的な真理と一つになることはできないのである。しかし、論述文もまた、真理にかかわることでそういう世界の実現を目指している。心臓が脈を打たない頭の世界など、あるはずはない。けれども、論述文は、とくにそれが無意識を取りあげているときには、そういう世界が実現しないのを重々知っていながら、なおかつ、どこまでも意味を追究しようとしている。「気」によって心の世界を描写しようとする文は、そのことを忘れているか、あるいはよく知っていながら、認めようとしないのである。だが、抽象化や一般化や理論化が、具象性や特殊性や写実性と対立しているとするのは、それ自体が何らかの表象に固着した症状だろう。そういう意味において、日本語では、まだ「気」という文字が十分に読まれていないのである。だから、人の心の病について、「気が狂う」という表現から何かが分かったと思うのは、まだ早すぎるだろう。

第五章　「気」と自我――「気」をつかう

I　「気」と想像的な「私」

自我は、西欧語の一人称代名詞（I, ich, moi, ego）にあたるので、「自分、我（われ）」のことであると、国語大辞典なども説明している。しかし、日本語で自我と言うときは、やや改まって、西欧やインドの思想用語とされることが多い。その場合、哲学でも心理学でも、自我は意識という、人の心の中心的な活動の総体を表わすとされている。そして、それがもともと一人称代名詞であることから、西欧語文法のサブジェクト（主語）につながり、また主観とも、主体とも訳されている。そこで、自我は、人の行為や精神活動の主体、認識の主体、意識の主体などと解されるのである。

日本語で、そのような自我を「気」に結びつけるのは、鋭い着想にちがいない。戦前、美学者の中井正一は、一九三五年に発表した論文「言語は生きている」(1)のなかで、すでに両者のつながりに注目している。そして、戦後になると、自我が一人称の主語からきているということからも、日本語では、それにあたるのが「自分」や「我」ではなく、「気」であるという指摘が、いくどかされるようになった。たしかに、日本語では、「私は、あの人を好きだ」より「あの人は、気に入った」の方が、また「私は、それを好まない」より、「それは、気に食わない」の方が自然である。ここでは、文法上の主語をうんぬんしても始まらないが、「気」は、少なくとも感情を表わす主体として働いている。英語の表現で、**I feel depressed** は、「私は、憂鬱に感じる」より「気が沈む」であり、**I am worried** は、「私は、当惑している」より「気がもめる」である。

中井は、日本語における、そうした「気」の使用法の変遷が、日本人の自我の意識の発展と切り離せないとみている。彼は、「(日本語で)自分が自分の意識を自覚したのを確かめる言葉があるだろうか」と自問して、その結果、室町時代から使い始められたと思われる「気をつかう」という表現を発見した。そして、それがやがて近年の翻訳語の自我につながるのであるが、自我は、明治時代から主観と訳されてきた西欧語のサブジェクトと関係が深いのを示唆している。サブジェクトの語源は、ギリシア語のヒュポケイメノンである。それは、たんに「下に置かれている」という意味であるが、後に哲学用語として使われるようになると、さまざまに変化する現象の根底にあって、それ自体は変化せず、その下に横たわるものという意味になった。すなわち、心の動きについてみると、それはおのずから、ゆるぎないものとして存在し、さまざまに変化するものの性質を下支えしているのである。

そうしてみると、主観は、感覚的なものとは反対の、法則的で理性的なものの働きを指しているようである。ところが、その意味が西欧の思想史のなかでしだいに変化し、読み違えられて、ついに自我の近代哲学的な概念を打ち立てたと言われるデカルトにおいて、主観は、「人の思考のなかに、感覚のなかに、心のなかに、知覚のなかに」働くとされ、不変なものから変化するものへ、人のそとにあるものから人のなかにあるものへと反転させられることになった。中井は、それを「コペルニクス的読み違い」と言っている。以来、カントからヘーゲルにいたって、ギリシア語の語源は、ついに自分自身が絶えず分裂しながら発展するものとして、今日の主観になった。

主観のそうした意味の変化は、むろんデカルト以来の自我にも密接に影響しているだろう。しかし、今日、それは本当にもとのギリシア語の読み違いと言いきれるかどうか。日本語で、同じように自我と訳されるサンスクリット語のアートマンにも、「永遠、不変の本質」という意味があり、インドでは、それが自分のなかにある不変の本質という面からる」不変なものと同時に、古代から言葉（ロゴス）と真理（アレーテイア）の関係の問題が議論されていた。現象の下に変わることなく自存する何かがあるとしたら、人は、必ずそれを言葉にしなければならない。人が口にしない何かは、あると言えない。そして、人の言った何かが言葉と合致したとき、その言葉は真理であるとされる。しかし、ある人が、いや、この世には言葉で言えないものがあると言うかもしれない。すると、その人は、その何かを言葉で言えないものとしてりっぱに口にしているのである。

けれども、言葉と真理の問題は、たやすく解けるわけではなく、ギリシア人をはじめから悩ませていた。それには、そもそも人の世で、両者が合致することがありうるのかという根本的な問いがつきまとう。自然現象については、言葉を正しく使用すれば、それは対象と一致するはずで、そうでなければ、人がいわゆる自然科学を生むことはできなかったと言われるかもしれない。しかし、その言葉は事実を言っているので、真理と同じ性質をもってはいない。真理は、言葉とそれを口にしている人との関係を巻き添えにするので、言う人についての問いかけが避けられない。すなわち、その人のそとにある何かについてではなく、なかの何かについてである。すると、どうしても人の感覚、知覚、思考、感情などが問題になる。それらは人のなかに起こる、言葉よりもっとその人に近い何かである。

ギリシアでは、初期の自然哲学者と通称される人々も、水や火や土や空気、ときには数とか万物流転などと、宇宙を生みだしている究極の物質について言いながら、一方では、言葉と真理の関係を尋ねるべき問いとしてにじませていた。だから、デカルトが行きついた西欧近代の身体と精神の二元論も、たんなるギリシア的概念の逆転ではなく、当然の歴史的な道筋であったとも言える。

言葉と真理の関係は、変化する現象の根底にあって、それ自体は変わらない何かを真なるものとして、それを言葉で指すことではなく、話す人をとおして、言葉と真なるものとの関係をとらえるべきである。そのときの話す人は、日本語では主観ではなく、主体とされる。思考と感情をそなえたデカルトの主観から、カントの批判を経て、それを主体と言いきったのは、中井が指摘するように、ヘーゲルである。つまり、ギリシア語のヒュポケイメノンは、近代西欧において、主観から主体になった。それを決定的にしたのが、ヘーゲルである。彼には、肝心なのは真なるものを実体としてではなく、主体として表現することだという、よく知られた言葉があるが、その主体とは、話す人である。

自我は、やはり近代西欧において、その話す人を支える心の中心的な機能を表わす言葉になった。そして、その機能を中心的に支えているのが意識であるが、意識は、デカルトにみるように、どれほどその人に近い心の働きであっても、それ自体が実体ではなく、表象とともに変化する現象である。そこで、自我も、たとえそれが「私はある」という確信を支えていても、その確信は、あくまで言葉とともに心に生まれる一つの表象であって、不変なものではない。とはいえ、意識は、どこまでも人を人たらしめている心の働きで、それは自己意識となり、その人自身についての意識であり、そとに向かうのではなく、人のなかに向かう意識になる。自己意識は、一般的には自分が何をしているかを知っている、同時に自分が何かを知っているのを知っている、となる。しかし、いつもそうとは言えない。ソクラテスが、古代のギリシアで、自分があることを知らないのを知っていると言ってから、西欧の世界で、そのことがすっかり忘れられたときはなかった。

ソクラテスが言ったあることとは、例えば善や正義のような、人が言葉で捕まえようとする究極の対象である。それについて知らないのは、無知もまた、知のあり方の一つであるのを示している。窮極の対象は、その人自身と言ってもよいし、少なくとも、その人にいちばん近いものである。ある人の話からうかがわれる、その人にいちばん近いものは、その人が見たり聞いたりしたことのなかで、心がそれに即応して動いた何らかのイメージである。そのイメージは、その人のいちばん近くにあり続けながら、それが何であるのか分からない。すなわち、その意味を知ることができない。しかも、それはその人のふるまいを左右している。精神分析の実践には、はじめから、それを忘れないことが求められている。

ところで、人が求める究極の対象は、人がそれによっていちばんその人らしい性質を表現できるような何かであると考えられる。その性質は、その人が人として、他のあらゆる存在から区別されて認められるような特徴を表わしている。一般に、あるものがもっている、他のあらゆるものから区別される性質は、そのものに具わった徳と呼ばれる。警察犬の徳は、特定のものを嗅ぎ分ける能力であり、競走馬の徳は、脚が速いことである。同じように、人を人たらしめている性質が、善や正義であれば、それらは人の徳である。それとともに、それらは人としての、良い、すぐれた性質を表わしている。したがって、どのような人が、人としての良い、すぐれた性質を具えているかを決めることができれば、人の徳が明らかになる。ソクラテスが知ろうとしたのは、そのような人の徳にかかわることだった。それが善や正義であれば、人はそれらの内容を知らなくてはならない。そうでなければ、人は、それらを言葉（ロゴス）によってつかんだことにならない。しかし、人のいちばん人らしい性質をすっかり明らかにすることはできず、それについてはつねに知らないところが残るのである。

とはいえ、人は、自分が何によって人であるかをまったく知らなければ、何もすることができない。人が求める究極の対象について知ることはできなくても、それを知ろうとすることや、それについて手にすることができた知は、やはり人を人としている特質であって、人の徳である。人は、そうやって知ることができた人の徳を、善と呼んでいる。すなわち、善は人が人として求める、すぐれた、もっとも人らしい、良い性質である。知は、その性質をめぐって言われている。人は、それが人の徳であるとは知っていても、その内容をいつも、ぜんぶ知っているとは言えないのである。徳の根本には、ある人が、他の人々にとって役に立つという性質がある。その性質を磨くことが、同時にある人にとってもっとも人らしい、良い性質になる。他の人々とは、ある人と同じ時代に、いっしょに生きている人々のことで、一般化すれば、集団とか社会と呼ばれる人々の群れである。ある人が、そこにおいて人々の役に立とうとすることが、人に人として求められるもっとも良い性質であり、それを実現するように努めることが、ある人の徳を高めることになるのである。

ところが、人が生きている時代や社会は変化するもので、どの人も限られた時と場所に生きている。そこで、ある人が他の人々に役立とうとすれば、その人は時代や社会に即応した良い性質、すなわち徳を高めなくてはならない。言いかえると、ある時代や社会の人々が良いものとして受け入れている性質を身につけなくてはならない。だが、そうなると、人の徳の性質は相対的になる。人々がある時代や社会で受け入れている徳は、人々がふだん疑うことなく従っている習俗や慣習、そしていわゆる社会通念の集まりによって実現されている。「無知の知」からは、まず、そうした社会通念とともに変化する相対的な徳が、本当の徳かどうかは知らないという、否定的な面がうかがえる。

それでは、人の性質のなかで変化しない、本当の徳は何かといえば、人が人たるのは、「魂（または心）がすぐれていること」である。それは、人が生きる時代や社会のそとの条件に左右されない、人のなかの魂がもつ性質である。そこに、「無知の知」にかかわる積極的な面がみえるが、同時に、そこには魂がすぐれているとはどういうことなのか、本当には知らないということがふくまれている。それを知ることができれば、人のもつ良い性質だけでなく、自分が何であるかを知ることもできるのだが、それには、たんに人のそとにあるものについて知るだけではだめで、自分で自分を知ろうとする心の動きに目を向け、それが人にいちばん近い究極の対象に向かっているのを見なくてはならない。ソクラテスの弟子プラトンは、「無知の知」からはじめて、その対象をイデアと命名した。それによって、知の究極の対象と不変の徳が一つになったのであるが、その過程は、人が自分を知ろうとする心の動きに依っている。

漢字の「徳」は、「気」と同じように音読みで、そのまま日本語として常用されているが、字形からみると、意味を表わす「みち」と、音声を表わす「登る」、それに「心」が付いている。合わせて、「高いところへ登る心」となろうか。それは、見方によって、西欧の原語であるアレーテーやウィルトゥスと似ている。ともに、人が人としてもっているすぐれた性質を伝えているからである。ただし、漢字の徳には、「人が生まれつきもっている自然な心」に、「強者が進むまっすぐな道」の意味が加わって、社会的な倫理面が強調されているので、それは、もともと強者がある土地に進んで、そこを征伐し、支配者としてその土地に秩序をもたらすことであると推定されるまでになった。徳は良い気（「浩然の気」）を養う、と言われるように、やはり人やものを動かすエネルギーであって、人の集団を混沌状態から救い、秩序を与えることが、そのエネルギーの本来的な性質だと考えられたからである。

そのような徳は、天から出て、社会の支配者に与えられ、彼がそれを一手に引き受けて、人々に分け与えるのである。そこから、徳は、社会の上位者が下位の者に与える恵み、恩徳の意味になった。つまり、徳は、人が生まれつきもっている、人としてのすぐれた性質であるが、それは「天」という、漢字が表現する最高の超越者から特定の人に与えられ、集団のなかに生きる人々は、その人から恵みの分け前として、それを受けとるのである。「徳」は、そうしてみると、「気」と同じように人のそとにあるが、人に他のものとは異なった、人としての特徴を与える力である。それが人のそとからやってきて、人倫的な面に向かうことから、支配者とその他の人々からなる社会秩序は、つまるところ、恩恵として人の心のそとから与えられたものとなり、それによって人の徳が実現することになる。しかし、徳をそのように考えるか、それとも人の心の動きのなかから、その人にいちばん近い表象として生まれると考えるか、そこには見すごせない違いがある。漢学者のなかには、もともと呪術によって与えられた威力が、その人に固有の、内在的なものであることが自覚されるに及んで、その威力が呪術による一時的なものではなく、「徳」になる、と説明する学者もいるが、はたしてそうだろうか。[2] というのも、「徳」のつく漢字の熟語は数多くあるが、どれからもそういうイメージは伝わってこないからである。もちろん、個々の文字についてうんぬんするだけでは不十分で、徳が、中国思想において、ある人のなかに形成された固有の性質を「自覚」することになった経緯を、理屈の筋道によって明らかにされなくてはならない。しかし、そういう説明は見つからないのである。

さて、漢字の「徳」を瞥見したのであるが、それが現代の日本語で翻訳語として使われているもとの西欧語は、そのまま主観や自我になったわけではない。そこにおいて、人が、とくにそれによってすぐれているとされた心（あるいは魂）が、主観や自我と密接につながるのである。心は、そのさい、ロゴス（言葉）によって表現される人のなかの動きであり、動きを支えているのは、現代の用語にすると人の意識である。また、それが他人の行為について自分が「ともに知っている」、あるいは自分の行為について自分が「ともに知っている」という意味から、人の自己意識である。そして、この自己意識が、主観となり、自我の根幹になる。自分が自分について知ることとは、自分が何であるかを知ることで、知ろうとする自分という究極の対象に、精神分析流には同一化の対象にかかわる。「無知の知」とは、それが何であるかが分からないのを、知っていることとである。だから、それについて根掘り葉掘り聞きだそうとする。「無知」によるソクラテスの「対話」は、そういう場面を伝えている。

同一化の対象は、心のなかに確固としてあるはずなのに、どこまでもロゴス（言葉）ではつかまらない。その具体的な姿を言うことができないのである。そこで、その姿のもつ性質を一般化して、抽象的に、善や正義という単語で表わす。その性質を完全にそなえれば、自分は、具体的に究極の対象を実現したことになる。ロゴス（言葉）では、ついにとらえることができないにしても、そういう対象が心のなかにあるのを信じるのは、善や正義が、抽象的なものから具体的なものへ、また一般的なものから個人的なものへ移行し、じっさいにこの世で実現できると信じることである。そのことが、そういう対象があるはずだという自分の確信にしたがって生きることにつながり、現代の用語にすれば、その人の人格を作りあげる。その過程を支えているのが、人の意識の働きであり、それは自己意識や主観となって、自我を形成する。中井が、「気つかい」という日本語が表現しているとみるのも、

そういう自我で、彼はそれを、近代的な意味での意識に発する自我であるとことわっている。(3)

「気つかい」には、近い意味の表現に「気くばり」、「気がかり」などがある。「心つかい」、「心くばり」とも言える。また、動詞を使えば「気にかける」「気をかねる」「気をおく」「気をきかせる」などとも近い。「気をつかう」や「気をくばる」に共通しているのは、何かに対する配慮であり、たいてい相手は、ある特定の他人である。そうした配慮には、性別や年齢と無関係に、また社会的な地位とは別に、多かれ少なかれ相手に対する思いやりと優しさがあって、それが同時に社会関係を円満に維持するための潤滑油のような役目をはたしている。一方、自我は、心のなかに描かれる自己像である。だから、それは表象であり、さまざまなイメージからできている。それは、そとから知覚されたものを素材にして心のなかで組み立てられるものであるから、自分についての想像力の産物である。たしかに、人は他人に気をつかいながら、それを作りあげるだろう。しかし、自我が本当に気にかけるのは他人ではない。心のなかの想像的な自己像が、自我のあらゆる体験の源である。

自我には、二つの背景が考えられる。一つは、人が生まれ育った集団、あるいは社会の秩序であり、もう一つは、その人の、人としての心である。ある人が生まれた社会の秩序は、慣習や制度によって支えられ、広く、法と呼んでもよいが、それと心のかかわりが自我を育てる。ある社会の秩序は、やがて人の心に、時代の通念として形成される。そして、人はそれを社会通念として受け入れ、それに従って生きようとする。そういう人には、時代の法が、あたかも普遍的で、永遠の真理を表現しているかのように力をふるっている。しかし、ある時代の集団や社会の法は、いつも雑多な命令や禁止の寄せ集めであって、それがどれほど社会の運営や秩序の維持に欠かせないものであっても、それぞれに必然的な脈絡や根源的な理由があったためしはない。そこで、ある人には、心に形成された社会通念を払いのけようとする動きが生まれる。そして、その動きも心の自己像と結ばれて、その人の自我を生むことになる。

戦前から日本語で言われる自我は、中井の自我もそうだが、そういう社会通念にしばられない自己像を指すことが多い。つまり、時代の社会的な慣習から方向を変えて、人の心に戻った自分の姿である。それは、はじめに主観と言い、やがて自己意識となって、自分を知の究極の対象にした自我である。「無知の知」は、そういう自我を考え求めて、それを具体的な姿として描くために、時代が受け入れている慣習を払いのけながら、考えを進めていった。それはロゴス（言葉）によって行われたのだが、今日からみると、そこに人の心が描く究極の対象と言葉との関係が、「無知」の問いとして先取りされているのである。しかし、「気つかい」における「気」を、そういう集団の慣習から離れて人の心に生まれた自己像としての自我とみてよいだろうか。他人に対する配慮は、集団の秩序を保つのに、日常生活でどれほど大切な心の動きであっても、そこには集団の要請と、しばしば無言の強制があって、自我の根幹である主観の自由な思考とは相いれない面をもっている。また、「気つかい」は、自由な思考が求める心のなかの対象に対する配慮ではなく、言葉とその対象との関係についての問いかけでもない。むしろ、心の動きを「気」に託して、あたかも、それを実在する何かのように扱おうとしている。しかし、「気」は、そうすることによっても実在する対象に近づくわけではなく、かえってそれ自体が言葉あるいは文字として、物質的に実在する姿をした「見かけ」になるのは避けられない。

もしも、「気」が人の心を動かす究極の実在であるとしたら、それは心の性質を最終的に規定している本体、あるいは実体ということになる。そして、そう考えるのは、「気」を実体化することである。しかし、心のなかに生まれる実体化された表象は、実在ではなく、見かけである。そこで、自己意識という主観は、実体的であると同時に見かけでもある表象から離れられないままに、思考の自由を妨げることになる。「気」は、それをつかうにせよ、くばるにせよ、具体的な他人との社会関係に対する配慮に向けられている。そこにはっきり認められる他人への思いやりは、同一化の基盤から生まれ、さらにその根底にあるのは、自己愛である。そのとき、主観は、自己愛を根底にした感情によって占められる。だが、自由な思考から生まれる主観は、人の心の動きにかかわる条件を、思考によって客観化しようとする。一方、感情によって占められた主観には、人を動かす力はあるが、内容はない。内容は、自由な思考によって、表象を言葉の筋道に作り直した結果としてあるものだから。客観化には感情という、人が人の心の動きにもっとも密接した体験に逆らわなくてはならない、自己否定の試練はともなうが、それによって実体的な表象から距離をとることができる。

表象は、どれほど実体化されても、実在ではなく、見かけである。人は、見えるものから実在に接触するが、自由な思考は、そうした実在を離れることからはじまる。さもないと、見かけは、そのつど実体になり、目にする移ろいにはきりがないけれども、主観は、その移ろいに釘づけになって、身動きができない。いわば、見かけの移ろいが、人の心の動きをそとから支配するのである。自由な思考のはじまりは、それに抵抗して、見かけの移ろいにとらわれている主観の性質を変えようとする。自我は、その観念が近代の産物であるにしても、人の心が自分の主観を変えようとする古代からの動きを受け継いでいるとみられる。

ところで、日本語における「気」の表現からは、人の心の動きが、目にするものの移ろいとともに変化するようすをよく窺うことができる。人の心は、見かけとともに動き、その変化を「気」という漢字によって、いわば鋲止めしたのである。言いかえると、見かけが人の心をそとから支配しているようすを、「気」によって動かぬものにしている。表現は非常に広く、奇抜であるが、もともと自然界に実在する「気」が、人の心の実体とされているのは見やすい。そこで、「気」という外来語が、どれほど日本語に溶け込んで常用されていても、それは見かけであり続けている。だから、それをただちに翻訳語の自我に近づけることはできない。そうすると、自我から自由な思考という心の動きの一面を払いのけて、はじめから両方の語を見かけとすることになる。「気」は、自然界に実在して人の心を支配しているとされるので、人の心の自由な思考という動きに支えられる自我からは遠い。そこにおける自由は、やはりそとからやってくるもので、じっさいには禁止や命令による拘束がないことになる。「気軽」や「気まま」など、その状態を指す「気」を見つけるのもむつかしくない。そうした表現は、やはり「気」が人のそとに由来し、その力がなかで発揮されるのを意味していて、自我における自己意識の自由ではない。

「気」は、前に述べたように、七、八世紀に文字として伝えられ、それから千年経った一七世紀頃、日常語として急速に広まった。「気」にかぎらず、日本語がはじめて漢字と出会った時代は、すでに遠い昔になるけれども、その頃の漢字に対する反応は、いまの時代まで続いて、じっさいに生きているようである。六世紀半ば（五五二年）の欽明天皇一三年は、日本史上で仏教公伝の年として知られているが、そのとき、朝鮮の王から仏像と経論が献じられた。それに対する天皇の感想は、日本書紀に、「仏の相貌端厳し、全ら、いまだかつてあらず」、「われ、昔よりこのかた、いまだかつて是のごとく微妙しき法を聞くことをえず」と記されている。仏は、金銅の仏像であり、法は、お経の文である。端厳は、像の姿形について、それが厳かに整って、人を圧するのさまであり、微妙は、書かれている漢文について、それが美しく、はっきりとらえられないほどの深い味わいがあると言うのである。

天皇の言葉は、新しい外来の文物に対する、その後の人々のあらゆる感想を、すべて集約し、代表しているように思える。そして、少し誇張して言うなら、日本語ではそれ以来千五百年近くのあいだ、同じ感想がくり返されているのである。いまでは、地球は狭く、世界は一つになって、外来の文物は少しも珍しくないようにみえる。しかし、文物の内外を問わず、そこに新しさを発見して、姿形に魅了される反応は変わらない。たとえ、そとからやってくるものが珍しくなくなっても、新しい外見にそのつど魂が奪われるという状態は、心のあり方の目立った特徴として生き続けている。言葉についてみれば、外来語を文字から見かけとして受容し、それを日本語として使い続けた結果、日本語そのものが見かけになった。むろん、それによって日常生活の具体的で、実用的な言葉の使用法や、個々の特殊な事柄についてのコミニケーションに差しさわりが出たわけではない。しかし、言葉の見かけから生まれる想像力は、表象を感覚的な次元から解放せずに、心を感情として体験される動きに押しとどめて、人を言葉とともに抽象的、観念的な内容には向かわせない。そこで、あらゆる文物に対する言葉を、いわゆる通りいっぺんの議論と、そのつどの感覚的表出に終わらせ、その状態が連綿と続くのである。

自我における自己意識には、心に描く自己像を感覚的な次元から解放しようとする動きが伴っているように思われる。なぜなら、見かけにとらわれ、そこにとどまる言葉は、いまの感情を表現してあくことなく、どれほどくり返されても、自分についての意識を表現し、伝えるには無力だからである。「私は知らない」と言えるのは、感覚から離れ、抽象的な内容に向かおうとする言葉だけである。「気」には、そういう面で、「知らないこと（無知）」はない。表現を広げながら、何でも言えるが、それは「気」が、あらゆる内容を取り去った心の実体とされているからである。だから、それをとくに中井の言う近代的な自我に近づけるのはむつかしいだろう。ソクラテスは、「無知」と言いながら、「知」を人の心のいちばん重要な働きと考えた。いわば、「無知」と「知」の二刀流である。はじめに斬られるのは、時代の慣習や社会の秩序である。それらは、「無知」の刀で斬りつけられる。「知」の刀が狙うのは、究極の対象、あるいはもともとだれの心にもあった同一化の対象で、善と呼ばれる。その本質が、ロゴス（言葉）によって明らかにされれば、それについての知が得られる。そうなれば、人は自分を知ることになるが、その努力には、どこまでも無知がつきまとう。そこで、最後にそれが何であるかを決めるのは、知ではなく、それぞれの人であり、それは主観である。つまり、自分を知る自己意識とは、主観であり、それが近代的な自我のもとである。

そのように、ソクラテスやプラトンは、とくにプラトンの想起説にみられるように、人はもともと人のなかにいると説いた。しかし、そのとき、その人の本質についての「無知」を前提にしなくてはならなかった。それは言葉をあやつる動物の人類にとって、決定的な知的経験と言ってよいだろう。その経験には、始終「無知」がつきまとっていたのだが、その後、人はもういちど、人のなかに人の本質を見つけようと、思考による知の努力をはじめた。近代的な自我は、その産物の一つである。だが、二〇世紀には、フロイトが無意識を発見して、人が人のなかにいないのを暴き、ギリシアの「無知」を蘇らせて、それに新たな役目を与えた。そして、同じ世紀の後半には、ラカンがフランスの伝統にそった総括的な知性によって、そのことを徹底的に論証しようとしたと言える。

もともと、知らないと言いながら、知ろうとする努力の結果として、何かを知っていると言うことには、だれにも見やすい撞着がありそうだ。知らないことを知って、それを人に伝えたり、教えたりできるはずはない、と。善は、つまるところ、その本質を述べたり、普遍的な性質を規定したり、教えたりすることはできない。言いかえると、その内容や意味を言葉で伝えることはできない。だから、それを決めるのは、それぞれの人の主観にまかせる。それでは、知を大切だと言いながら、はじめからそれを諦めろと言っているのではないか。しかし、見方を変えて、無知は、善の内容や意味についてだけ言っているのではないと考えたら、どうなるだろうか。善にかぎらず、ある何かの内容は、すべて言葉から想像されるもので、たとえそれが究極の対象であっても、対象そのものには、そもそも何の意味もなく、内容もない。同一化の対象である「一つの特徴」も、まったく同じである。

そうだとすれば、知らないと言うのは、無知を欠かせない要素とする人の心の構造について言っているので、知らない何かは、その構造ではない。しかし、そういう見方は、近代的な自我の観念をひっくり返す。なぜなら、その自我は、自分について自分の知っていることが人のなかにある内容として、人の心はそれからできているのに、その見方では、人がいるのは、自分がそうだと思っている内容のなかにではなく、そのそとにいるからである。といっても、そこは「気」のような、実体化された見かけとしての文字でもない。人のそとにあって、人の心を支配しているとされる「気」も、いちど言葉の表象として人の心のなかに描かれれば、それ自体としては意味がなく、実体化されないまま、無知の構造のなかに組み込まれているからである。言葉の表象が実体化されるのは、人の心の動きが、それに対する感覚的な反応から出ないせいで、言葉の表象には、たとえ究極の対象に行きつけないにしても、そこを出て、思考の道筋をたどり、観念としての内容に向かわせる性質がある。だが、何かを実体化するとは、それによってすべてが説明されているとすることであり、もう、それについては何の説明も必要ないとすることである。感覚的な反応を生みつづける文字は、見かけとして、そのような実体になる。

日本語は、漢字の翻訳語も、カタカナによる音表の翻訳語も、根本において感覚的な反応を生みつづけているままで、口に出しても、耳で聞いても、その意味はよく分からない。そこで、言葉のやりとりのなかで、その意味を詮索するのは無作法な態度とみなされる。日常の便に良い表現はますます増えるが、あたかも、お互いに言葉の意味は問わないのを前提にしているかのようである。「気」は、そうした表現によって広まった代表的な一例だろう。それには、天地の森羅万象に遍在して、活力を与える物質という意味があり、それを言えば、「気」についての中心となる知識があることになっている。しかし、それはすでに言われたことや、書かれたことについての知識であって、「無知」と「知」における知っていることではない。そこにおいては、しつこく問いかけるという行為が前提になって、その行為について知っていることと、知らないこととが問題になっている。言葉について、すでに言われたことの他に、まだ分からないところがある。それを問うか、どうかについての知が問題になっている。そのことは、問うという行為についての知であって、すでに言われたことを知識として、どのくらい知っているかどうかと関係がない。言葉の意味について問わないのは、それについての知識がすでにあるかどうかではなく、それをなぜ問わないのかという問いについての無知につながる。すなわち、それを問わないという、自分の行為についての無知である。

いわば、そのような、しつこく問い続ける以前の「無知」がある。そういう無知には、たとえ「気」については十分な知識があると思っても、知と無知の相関関係についての無知がある。たしかに、ある人は「気」について知らないことがないほど、多くを知っているかもしれない。しかし、その結果、「気」によって知ることができないことについて、自分がなにも知らないことを知らないのである。例えば、ある人が、「気」には万物を一つの存在とした宇宙が背景にあるから、それは自然にも人の社会にも同じ力をもって働いているのだと言う。そこへソクラテスが、無知の刀をかざして、問答をふきかけ、「いや、私は、そのことについて知らない。それはどういう力なのかね」と斬り込む。おそらく、ソクラテスには本当に知らないことがあって、そのことを知っているのだが、彼の繰りだす問いには、相手の知識に対する否定の契機がふくまれている。すなわち、自然と人の社会は一つの全体ではなく、両者は、はっきりと区別されなくてはならない。だから、自分は時代の慣習や社会の秩序について、それらを知らないものとして、人が生きる真の状態とは区別するのだ、と。そういう否定の契機をふくんだ問いかけは、ここで、とくに注目しなくてはならない。なぜなら、「気」は、ぜんぶ知っていながら、あるいは知っているがゆえに、人の社会については何も知らないのを知らないからである。

ソクラテスは、人の心の本当のあり方を求めるがゆえに、人の社会については知らないと言った。しかし、その否定は、かえって本当の社会意識の芽生えを伝えている。社会の秩序は、いまの精神分析で、言葉を土台にした象徴界を構成するものとして示されているが、それは人を規定する領域の一つであっても、宇宙の万物とひとつになることは、けっしてない。ソクラテスが、時代の慣習について知らないと言ったのは、自分の心の動きを、それが要求するものと区別しようとしたからである。あるいは、自分がそれを正しいと確信するまで認めようとしなかったからである。それは自己意識から生まれる確信であり、社会意識のはじまりであるとともに、自我の誕生でもあるだろう。

歴史的に自我のもとである主観には、自分がいるという思い込みがある。すなわち、主観と言葉が、自分において一つになり、それが自分であるという、あるいは自分のイメージが言葉に統合されて、それが真理を具現しているという思い込みがある。一方、「気」には、そういう面はみられない。「気」によって動く心は、いつもそとの何かと感覚的に接しているが、感覚を生む何かは、そのつどの個別的な性質をもっている。それを対象と呼ぶなら、けっして自分のなかで言葉と統合されない対象であり、そのつど特殊で、ばらばらであって、内容を生まないのが、その特徴である。しかし、「気」は文字として、人の心の動きが、そのようにすっかり感覚にさらわれているのを、むしろその見かけによって見えにくくしている。つまり、個別性にとらわれた心の動きに、文字としての見かけの不動性によってまとまりを与えている。内容は、イメージを統合させようとする過程において生まれてくるまとまりである。「気」には、それ自体に内容がなくても、個別的なイメージをその文字に引きとめておく役目がある。

自我は、たんに時代の慣習のなかで、他人との関係から心に描かれてくる自分の姿ではない。日本語で自我の形成がみられるとされる、「気つかい」や「気くばり」からは、そのもとである主観の働きを確かめることができない。それらの表現は、おもに親子から友人、同僚、主従など、具体的な社会関係における他人に対する配慮を伝えているが、そうした関係のなかで自分を自覚するのと、ひとまずそこから離れて、自立した自分の姿を想像するのとはちがう。また、そうした配慮は、自己意識によって自由を求めようとする（近代的）自我の努力と同じ方向を目ざしているとは言えない。時代の慣習のなかでは、人は自分の姿を、どのつまり快・不快の感覚を生む体験として想像する。その体験はどこまでも個別的であって、統合された主観になることはない。しかし、自立した自我として想像される自分の姿には、人としての普遍性がそなわっている。だが、日本語の表現から、そのような主観をうかがうのはむつかしい。それゆえ、「気つかい」の「気」を、中井の言う「自分が自分の意識（自己意識）を自覚したのを確かめる」ような、近代的自我を表わす言葉とみるのは無理だろう。

Ⅱ 「気」は、自我にあらず

「気」は、それが森羅万象に遍在して、宇宙の全体性を保証する役目をはたしているので、当然、それによって人と社会は根本的に一体となって、つながっている。人の世界では、人と人のあらゆる関係は社会関係であるが、「気」によって、人と社会が一つになっているために、かえってあらゆる社会関係が、人と人との具体的な日常関係として、個別的な性質をおびることになった。つまり、人は、時代の慣習に対して、人としての普遍的な性質をもった自分を想像しにくくなった。人が心に描く自分の姿から、本当に普遍性が消えてしまえば、その人の心から抽象的な観念はすべて消えてしまう。自分を慣習や社会秩序と区別しないままでする「気つかい」も、むろん人の人に対する意識から生まれる態度である。しかし、それが具体的な個別性を出なければ、その「気つかい」に中井の言う自我が関与しているとは言えないだろう。人と社会を区別しない「気つかい」は、人が社会的動物であるという事実さえ隠蔽してしまうのではなかろうか。

自我の目ざす自立した自分の姿には、そのように人としての普遍性の観念と、自分がその実現に向かっているという確信が認められるようだ。自我は、そこにおける意識的ないとなみである。もし、自分がその観念を実現すれば、自分と観念は一つになり、観念は人となって、その人は人としての自分になる。そうして、自分は、人と一つになる。しかし、精神分析は、無意識の導入によって、そういう人の見方にひびを入れた。人が自分と観念を一つにするとは、人がその観念を指す言葉の意味をあますところなく自分のものにすることである。そうなれば、人は、その言葉の内容と一つになり、その人の自我は、人としての人と一致する。しかし、自我は人の心のなかで生まれ、作られるものである。そのことは、自我を話題にするだれもが認めるだろう。つまり、それは心のなかの表象によって、想像的に作られた自分の姿である。近代的な自我の観念は、そうした自分の姿を、揺るぎない主観としての人であると、すなわち、人は自我であるとみてきたのである。だが、精神分析の無意識は、人を自我から引き離し、人は、自我が実現しようとする自分の姿のそとにいて、それを遺漏なく示そうとする言葉の内容からできているのではなく、さらに、それが求める究極の対象を指すような、意味のある言葉はないとしたのである。

というのも、自我は想像的といっても、そこで生まれる心の動きはたいてい無意識的で、人のふるまいのなかにしか現われてこない。そこで、人は、自分がどうしてそうふるまうのかについては、多くを知らないからである。人が自分の姿を認めるときのことは、鏡を見ている人の例が、よくあげられる。そのとき鏡に映るのは、いわゆる客観的な姿ではなく、左右が反対になった自分の姿と、人はまさしく想像的に対面する。そして、人はその姿を自分だと思い込み、その自分とよく似た姿との関係をとおして、その姿が、つまり自分のコピーが、自分であると想像する。そのようにして、人の心のなかに作られる自分の姿が自我のはじまりである。そのあいだに、人は鏡に映った自分の姿に、その人を移し替えてしまい、その人は、自分の似姿のうちに疎外されてしまう。

鏡に映る姿は、一つの例であるが、じっさいの場面では、その鏡と似姿は、いつも他人のだれかである。人は、他人を鏡にして、そこに映った姿から自分のコピーを作り、それを自分だと思うようになるが、その似姿もやはり他人である。それは自我のもとであるとともに、同一化の対象でもあるが、そのさいの心の動きは、いずれも想像的である。人は、そうやってコピーとしての似姿のうちに疎外されるが、それを実現させるのは、あくまでも自分を想像するという、人の心の本質的な動きである。自我という場所で起こるその動きが無意識的であるのは、自我が自分の姿を作りあげるという想像的な役目に専念しているからである。すなわち、自我は、その姿が想像されたコピーであり、そこで起こっているのが疎外であるのを知らずに、その姿を実在と取り違えるからである。そこに、自我の無知があり、自分の姿についての誤認が生まれる。人が自我によって認める自分の姿は、つねに誤認(4)であると言えるだろう。

とはいえ、もちろん人は、自分のコピーを勝手に、好きなように作るわけではない。人が自分の姿を想像的に作りあげるときには、つねに象徴的なものを材料にしなくてはならない。どのような自我も、想像界に映しだされた象徴界によって、心のなかに作られた自己像である。象徴界の土台となる材料は、人の言葉であるが、ここでは基本的に言葉に翻訳することができる、ある時代の慣習や法など、一般に社会秩序と呼ぶことができる伝統的な象徴体系を考えてみよう。それは、時代や場所をこえた言葉とはちがい、つねにある時代やある場所に特有の多様な形態をとっている。つまり、ある伝統的な象徴体系に支配されている社会は、根本的にいつでもどこでも、例外なく、つかの間の共同体である。そして、自我が自分の姿を作るのは、つかの間の共同体に対する想像的な働きかけによっている。あるいは、人を疎外するのは、その共同体が、自分の姿を想像する人の心の動きに作用する結果である。

自我は、よく心のなかの理想像と結ばれるように、人がそこで描く自分の姿は、たんに客観的なものではなく、そうあって欲しい自分の姿であり、自分が目指そうとする自分の姿である。それは、自分のモデルともなる姿で、そこに与えられている価値は、ある時代や、ある場所の社会通念や慣習の要求とつながっている。だから、自我の描くモデルは、人が生きている時代や場所によって姿を変えるので、理想のモデルを決める普遍的な基準はない。自我そのものは、あくまで人が生きている環境の影響を受けながら、その役割をはたす心の場所と、その機能を指している。そこで、例えば「日本人には自我がない」とか、「自我が弱い」とか「自我が確立していない」などのよく耳にする決まり文句には、あまり意味がない。他人と競争しながら、自分の力で社会的成功をつかもうとする自我像が強い自我で、みんなと一緒に、自分がそのときどきに所属している集団に忠誠を尽くそうとする自我像が弱い自我とは言えない。

いずれの自我も、他人の鏡に映った自分の似姿から、人が想像的に作りあげたコピーとしての自己像であって、そういう意味では、自分がいつも知覚している他人に対する「気つかい」は、自我に共通した働きと言えるだろう。しかし、見逃せないのは、そのときの「気」が、自我と同じように、ある表象に言葉を与えて人が作りだした象徴的なものでありながら、それ自体は人のそとにあって、本質的に人の手が加えられていないとされ、そのことが注意されないまま、日常の表現に利用されていることである。前に、自然と人と文化あるいは社会を、三つの領域として分けたとき、すでに自然を、かりに人の手が加わっていないものとしたが、さらに、それを人が手を加えられないもの、あるいは象徴的な領域に取り込めないものとすると、自然は、あえて、ここでは現実的なものとみることができる。また、一方で精神活動を行う生きものとして、想像的なものの領域にいる人は、ちょうど自然と文化、あるいは自然と社会のあいだにいるのである。それらの三者は、峻別されなくてはならないが、同時に個々にあるわけではなく、お互いに関係しあい、全体として人を規定している。そうしてみると、「気」は、言うまでもなく自然の側にあって、人は「気つかい」によって、「気」に支配されながら、それを操作している。

また、「気」では、その自然は社会と連続しているが、そのことは人が手を加えられない現実界と、人が想像的に働きかける象徴界とが連続していることで、つまるところ、社会は、人のそとにあって、人が手を加えられない領域に解消されているのである。そこで、人の心の動きは、自我の意識活動によって社会を対象化し、その姿をあるときは否定し、また、あるときは変えたりすることができない。しかし、精神分析では、伝統的な象徴体系に支えられた社会と、象徴界から閉めだされた自然は、根本的に慰撫し合うことなく、人の心のなかで背を向けあっている。だから、心の動きは、社会を自然と区別し、両者を相対化することによって、はじめて明るみにでる。自然という現実的なものは、象徴的なもののそとにあって、手の届かないものであるが、社会という象徴的なものは、自我に、自分の姿に対する誤認と無知を与え、無意識を生じさせるのである。

無意識は、そこで、人が象徴界にさらわれているのを何よりもよく物語る現象だと言えよう。象徴的なものは、それ自体では人のいない都市の建物や、砂漠に捨てられた墳墓のように何の意味もなく、想像界の関与があって、はじめて生命を与えられる。あらゆる慣習や社会制度も、そうである。それが人にあっては、想像界が象徴界を加工するときに、自分の姿に対する誤認が、知らぬ間に生まれるのである。無意識は、その姿に対する人の言い分として表われる。そのとき、人は言葉にならない現実界と象徴界に、想像界をあいだにはさんで引き裂かれている。自我は、そのさいの想像界のことであり、人はそのように自我において、みずからの言い分と言葉にならないものとに分かれるのである。フロイトは、「自我の分裂」ということを言った。そのさいには、特殊な症状についてふれたのだが、いまでは、そこにずっと広い一般的な意味が認められている。

「自我の分裂」と言ったとき、フロイトは自我について、近代の伝統的な観念を受け継いでいるが、分裂するのは自我ではなく、じつは人なのだと言った方がよいだろう。自我は、もともと意識的と無意識的の二つの性質をそなえて、想像的に働く心の場所とされていたが、現実界と象徴界に分割されるのは、たんに自我という心の場所ではなく、いわば人そのものであり、分割は、人のあり方それ自体にかかわっている。フロイトによる無意識の発見は、自我は人ではなく、人は自我ではないのを明らかにした。そこで、人を心の動きから探ろうとするなら、現実的なものである自然と、象徴的なものである社会は、区別されなくてはならない。さもなければ、人を人としている条件を探ることはできない。また、人のいわゆる道徳法則を、自然法則と一つにすることもできない。人の心を動かす道徳法則は、人の生きている条件から心のなかに生まれるものであって、人のそとに観察される現象がそのまま反映されているのではない。

漢字では、前にふれたように、人にもっとも人らしい性質を与える「徳」が、「天」に由来し、王者がそれを受けとって、人々に分け与えるとされ、その恩恵に浴して生きる道が、道徳法則とみられている。そのさい、中心となる天は、もっとも包括的で、超越的な概念であるが、それは自然の理法であると同時に、「天人」「天帝」「天道」などにうかがわれるように人格化されて、道徳法則につながっている。「天理」は、いっそうはっきりした例で、それを「天人の理」と受けとれば、自然法則と道徳法則が、そこで統一されていると考えられる。「気」は、そのような観念を背景にしているのは言うまでもなく、天の運行と人の心に遍在しながら、当然のように徳とつながっている。よく知られた「徳は気を養い、気は徳を養う」という言葉が伝えているように、「気」と徳がお互いに作用し合うとしていることは、両者において、自然と人の心が統合されているのを示し、同時に、道徳法則は人の共同体が要求する、すぐれて象徴的なものとしての規範であるから、自然と社会が一つになっているのを示している。

中井正一が、「気つかい」という表現によって自我を考えようとしたとき、その自我は、「近代的意味において」「個人を自覚し」「個人の意識を反省する」自我であった。そのさい、個人は、社会的慣習と一つになった存在ではなく、他人とは区別される、独立した存在だった。しかし、そのとき個人としての姿を描いた想像的な自己像も、人と人のあいだにいる自分であり、自我は、いわば心に描かれる自己像の図柄を変えたのである。ところで、「気」は、そうやって心のなかに図柄を描くことにかかわりがあるだろうか。それがたんに心を動かすエネルギーをもった実在物とされている以上、表象の内容とは無関係であるのは、すでに述べたとおりである。そこで、「気」を利用した表現から、たとえそれが近代的な意味に限られていても、自我を探るには無理があり、あまり期待できないと言うべきだろう。中井は、「自我意識」がしだいに変化する例として、近松の戯曲から「気にかかる」「気を揉む」「気を砕く」などを挙げているが、いずれも心のそとからやってきて、人の心のなかで働いている何かについて言われているのである。

ところで、「気」は、すっかり日本語のなかに溶け込んでいるが、自我は、そうではない。もとは、どちらも外国語で、「気」はそのまま中国語であり、自我は最近の翻訳語である。自我は、近代的な意味においても、精神分析の用語としても、表象にかかわりがある。そこで、両語はその表現法からすると、人の心を探るための言葉としては、ほとんど比較にもならず、近づけることもできない。「気」の日常表現は、まことに豊かであるが、自我は、日本語では専門的な響きがぬけないせいか、改まった印象を与える。それでも、ときに「日本人の自我」という言い方を見聞きするが、あたかも自我という翻訳語がどういう意味なのか、あるいは、そもそも日本語として意味があるのかどうかを不問にしたまま、「日本人」がとくに備えている自我を指そうとしているかのようである。

外来語や翻訳語が国語でないとするなら、「気」も自我も日本語ではないが、どの国語についても、言葉の音声と文字に、人は見かけとして出会う。「気」は、ずっと昔から、日本語が中国語の意味を背景にして親しく接してきたことから、それを日常的に使うのに抵抗はないが、自我は、漢文や仏典の特殊な例を別にすれば、最近になって見聞きするようになった西欧語からの人工的な翻訳語である。それは、西欧語の一人称代名詞に由来するといっても、その意味には西欧思想の歴史的な背景があって、すぐに日本語にはならない。しかし、言葉が見かけとして与えられ、意味をわきにおいたまま使用されるのは、その最初の特徴であるから、自我が日常語にならないまま、言葉として見かけであり続けても、とくに異常とは言えない。その点では、「気」も根本的には同じだと言えよう。

言葉は、意味がわきにおかれても、そこから意味作用が生じる。国語のなかの言葉は、どれも刺激として、その感覚的な印象から、人の心に何ほどかの興奮と、何らかの感情を呼び起こす。それが言葉の意味作用である。ここで、とくにわきにおかれた意味というのは、それぞれの人の感覚的な印象から離れて、歴史的に形成された観念として国語のなかで共有されている意味である。しかし、「気」や自我については、日本語のなかにそのような観念としての意味が見当たらない。そういう意味の形成とは別に、音声や文字として使われているので、言葉は見かけであり続けるのである。むろん、辞書には言葉の説明があり、だれでも知ることはできるが、その内容が知識にとどまるかぎり、とどのつまり感覚的な印象のそとには出られず、その言葉に観念を形成する力はない。

だが、ここではさしあたり、これまでたどってきた一般的で、表面的とも言える通常の意味から「気」と自我をふり返ってみると、日本語における見かけとしてのあり方が共通しているにせよ、両語の違いは明らかである。つまり、人の心について、「気」は、日本語では日常表現にみられるその動きがすべてを語っていて、もとの意味は、「性」「心」

「情」「理」などの漢字との関連から、中国でその後に解釈された歴史的経緯を傍観しながら、そのまま受け入れているようなのである。一方、自我は、精神分析では近代の伝統的な観念を受け継ぎながらも、欲動のエネルギーによって心のなかに生まれるさまざまな表象が、自分の姿として多かれ少なかれ統一され、組織されたイメージを指している。宇宙に遍在する「気」も、エネルギーをもつと考えられるところは似ているが、それが心のなかで表象になり、そのつど内容のあるイメージに変わることはない。

そこで、心の動きは、実在する物質のエネルギーによって支配されるものなのか、それとも、欲動のエネルギーによって動かされながら、それによって心のなかに生まれる自分の姿と、その変化に注目すべきなのか、両語の背景から生まれる意味には明らかな違いがある。精神分析は、欲動から生まれる表象の運命に目を向け、いわば関心をそこに集中している。そのことには理論においても、実践においても、妥協の余地がないとみられる。欲動は、人の心にある固有のエネルギーで、そとにある何かとして操作されることはない。自我で描かれる想像的な自己像が時間とともに変化するのは、「気」に支配されたり、それを操作したりした結果ではなく、人を規定する、想像界とは区別された領域が、すなわち広く社会や文化と呼んだ象徴界が関与した結果である。欲動は、たんなるエネルギーとしてみれば多分に自然的、非人間的で、いわば現実的な性質をもっているが、人の心に固有のそれとしては、表象と情動に分かれ、また事物表象と言語表象に分かれるように、いつも二元的に働くとみられている。そして、人がつねに自然的なものと文化的なものとのあいだにいるのを不可避の条件として働いているので、それを人における動物的なものの名残りとか、たんに自然的なものにつながっているとみることはできない。その面でも、ある時代の社会関係や、人の心の動きを自然的なものにつなげる「気」の一元的な立場とは大いに異なっている。

その立場の違いを見るために、かりに「気」を自我の支えとなる欲動に代えた表現を想像してみよう。「気」は、どの例をとっても、日本語の表現において欲動に代えることはできそうにない。欲動について、例えば「欲動が散る」、「欲動にさわる」、「欲動を利かせる」と言っても意味をなさないし、あるいはそういう表現もできると思えそうな、「欲動が弱い」、「欲動を静める」、「欲動のせい」と言ってみても、少し考えてみると、やはり「気」との違いが広がるばかりである。欲動の強弱を言っても、それは人の性格についてふれているのではないし、それを静めたり、そのせいにするといっても、欲動は人の意思や心算に左右されるものではない。その違いは、欲動が人の心を動かす同じエネルギーといっても、そとの何かに還元できない、心のなかでそれ自体として働く現象とみられているところからやってくる。

一方、「気」は、どれほど宇宙論的に、また生成論的に説明されても、あるいは最近では、とくにいわゆる自然科学的に説明されても、それがそとの何かとして心のなかで活動するという見方は変わらない。しかし、そういう説明はさておき、「気」はとりわけ日本語において、漢字という文字にすぎないことは無視できない。言いかえると、日本語では、「気」という文字の見かけが、そとにある実体として人の心を動かしているのである。それが日本語の表現にどれほど広く用いられているにしても、意味作用はそこに限られている。すなわち、その見かけが、そとにある何らかの実体として受け入れられ、あるいは見すごされているかぎりで、「気」は日本語として意味の効果を生んでいる。それは長い時間をかけて日常語になったが、自我についてはどうだろうか。いまのところ、その意味の効果はかなり狭い範囲に限られて、広く及んでいないと言ってよいだろう。しかし、それが日本語になるとすれば、多くの外来語や翻訳語と同じように、意味の穿鑿はわきにおかれて、見かけがそのまま実体とされるほかに道があるだろうか。

「気」は、実体といっても、あくまで文字であって、霊魂のような信仰対象ではない。宇宙に遍在するといっても、それが人の生前や死後に直接の影響力をふるうとは信じられていない。最近では、少なからぬ人が、それを自然科学の方法によって把握しようとしているように、もともと合理的な思考の対象となる性質をもっていたようである。しかし、科学の対象であることは、それが文字の見かけであるのと少しも矛盾しない。むしろ、見かけであることは、科学の対象の本質的な一面と言ってよいだろう。それが信仰の対象とされるか、合理的思考の対象とされるかは、それぞれを語る言葉が、人にとって何よりもまず見かけとしてであるという共通した事情に少しも影響を与えない。人は、合理的な思考を進めながら、信仰者としてアニミズムの立場をとることができるし、その逆の立場をとることもできる。それぞれの対象は、それぞれが語る言葉の見かけと意味作用のいきさつに、始めから違いをもたらすことはないのである。

「気」が万物を一つにして、その全体性を保証している人の世界では、自然と人と社会は連続している。一方、人の心のあらゆる動きを統率する近代の自我の観念を生んだ世界には、自然と人を区別し、対立したものとする背景があって、やがてその自我に支えられた人が、自分を社会と区別するようになる。人は、自然と一つでないばかりか、社会とも一つでない。自然と社会のはざまにある人とは、人の心であり、心の動きとしてこの世にいる人である。人の心の動きに映るのは、そこで目の前におかれたイメージであり、想像的なものであるが、それはこの世から追放された現実的なものと、それを追放した象徴的なものが、三者で相互に干渉しあいながら、やがて人の思考を生みだしていく表象である。自我の内容も、そういう表象の集まりからできているが、自然と人と社会が区別されない世界でも、人は自分の姿をいつも心に描く。それはあらゆる人に共通する心の働きである。

日本語は、心の動きの表現を「気」に依託しているが、そこでも心に描かれる自分の姿には、象徴的なものが強力に干渉している。自然と人と社会が連続しているので、社会があたかも自然のように、人のそとにあって力の及ばないもののように想像されている。そして、翻訳語から得た社会に対する知識がいくら増えても、社会をそのように想像していること自体が知られないところに、日本語で無意識を問題にする理由がある。長いあいだの慣習によって人の心に揺るぎないものとなった象徴界を基盤として、人は自己像を描くのだが、そこには社会と区別された自分の姿はない。その理想は、いわば社会的に格付けされた序列内の自己像に収斂され、理想の実現は、序列の位階を昇ることにかかっている。もちろん、人にそなわる人らしい性質について、しばしば「人間として」や「自分らしさ」などの標語のもとに、別の徳が語られはするが、それを語るさいの日本語の不自然な響きは、たやすく感じとれる。

人と社会が連続している想像的な世界は、集団のなかの行動と深刻な矛盾を生まずにつながり、そこで描かれる自己像が、みんなのなかで手柄を立て、名をあげる自分の姿である。だから、そこでは象徴界に対する受動的で、無力な服従の傾向と、想像界における唯我的で、自己中心的な傾向が共存しているようにみえる。いずれにしても、人は自然と社会から区別されることなく、そのつど個別的にかかわっているが、その個別性は、感覚的な接触からそとに出ることはなく、自分を自然や社会から区別して、それらを対象的にとらえる思考には向かわない。そこで、人の心は、言葉によって、その動きが対象と否定的に向き合うことはなく、否定を契機にして、言葉が普遍性の把握に向かうこともない。つまり、日本語の自我の内容には、感覚的な個別性からはなれた、抽象的な観念は入り込めないのである。

「気」と自我は、その起原や、歴史的に形成された通常の意味は、まるで異なっている。日本語にとっては、どちらも外国語であるところは同じだが、そういう二つの言葉から共通の内容を探ろうとするのも、文化の研究の一助になるだろう。「気」は、宇宙が一つであるという考えを背景に、自然は生きており、人もそのなかの一つにすぎないという見方を支えている。あえて大きいと言うなら、そういう見方から、万物が一つであるという考えは、まことに明瞭で、当然である。しかし、その考えは、人がいて、はじめて生まれるのも無視することはできない。人がいない宇宙を想像してみよう。そこには、想像力を言葉にする生きものがいないので、何もないのである。人の精神活動は、表象となったイメージを言葉で語ることである。

たしかに、「気」は、万物のなかの人の身体を構成するだけでなく、人の精神活動を規定するものでもある。しかし、近代の自我の観念は、人の身体と精神活動をはっきり分けようとすることから始まった。その精神活動とは、今日の精神分析では、人が話すという事実から知られるものである。人が話すのは、宇宙の森羅万象とまったく同じ自然現象の一つとしてではなく、むしろそこから離れた人のなかの心の動きに促されて、それを人が発明した、すでにある言葉に直すのである。つまり、人が精神活動を行う心の領域としての自我は、自然から離れて、言葉のきまりが支配する人々の世界と関係を深めるのである。その言葉の世界は、広くは文化の世界であり、これまで述べてきたところでは、とくに伝統的な象徴体系に支配される人々の社会である。

そのように、自我は、自然と社会のはざまにあって、それらと区別される人の心の領域の一つと、その活動を指していて、ただちに日本語の表現から推した「気」と比べるわけにはいかないと考える。しかし、日本語のなかで、これから二つの言葉がどういう扱いをされるかには、やはり興味がわく。「気」は、すでに日常表現のなかでは、日本語になりきっていると言ってよいだろうが、自我は、そこではまだ座りのよくない翻訳語である。それだけに、日本語における「気」の歴史にもまして、日本語によってその意味を探られることもなく、たんに見かけとして、数少ない人々を魅惑するだけの意味作用に終わるのではないかと案じられる。

第六章　「気」の集団心理学――「空気」と同一化

Ⅰ　二つの同一化

「気」は、宇宙のあらゆるものを作りあげているだけでなく、ものとものとのあいだにも充満している。「気」にとっては、たんなる無としての空虚な空間はない。人についてみると、当然、それは人のなかとそとにあって、身体と心を動かしている。とりわけ、人の心の動きについては、日本語の数多くの慣用表現が語るように、人と人のあいだに満ちている「気」が、人をとらえているのが分かる。

日本語では、よく複数の人がいる場所に満ちている「気」を、「空気」「雰囲気」と言う。空気は、古くから中国語にある単語で、現在では地球の表面を覆う気体という意味である。中国語にも、日本語と似た使い方があるようだが、「雰囲気」には、日本で「気」を「ケ」

と音読みしていた古い時代によく使われた「けはひ」(当て字は「気配」)に近い意味があるとみられる。いずれも、人と人のあいだに満遍なく漂う「気」である。

人と人のあいだにある「気」が、一人一人を動かして、みんなを同じ方向に動かす。日本人の個人と集団のこの傾向は、内外でよく話題になる。日本をよく知ったあるフランス人記者は、日本人のその傾向を現在主義と言ったそうである。(1) すなわち、集団の成員の大部分が特定の方向にむかう傾向であって、その方向にはっきりした目標があることも、ないこともあるが、いずれにせよ、その是非曲直ではなく、多数がその方向に動くということのみによって、運動に加わり、同調する傾向である。そして、昨日と今日の立場の一貫性にはこだわらないみんなの行動様式が、現在主義である。ただし、この現在主義は、無節度な利那主義や便宜主義とは違う。日本人は現在の大勢を、例えば、天皇を昨日は神であると信じ、今日は人間であると信じているように、現在をひたすら、本心から重視する。

日本人のそういう行動様式については、多くの人が異口同音に指摘しているが、その行動が本心からであるのは、当然である。多くの群棲動物たちが群れのなかで同類の真似をしているように、人が集団のなかで他人の真似をしながら行動するのは、心の動きの基本的な傾向に従っているからである。大勢順応主義も、むろん日本人だけの行動様式ではない。日本人は、昨日を水に流し、みんな一緒に今日の大勢に順応しようとする。そこには、日本人の行動の一貫性が、信念として認められる。「気」は、そうした行動に向かう日本の集団のなかで、人と人のあいだに働いているのである。

日本人の行動が、とくに大勢順応的と言われるのは、日本人の信念が言葉ではなく、行動の一貫性として表現されるからだろう。それだけに分かりにくく、さまざまな解釈を許す。人の想像力と、象徴的なものとしての言葉が心のなかで結ばれて、それが信念を生むことになれば、その言葉の意味の一貫性が、信念の支えになる。日本人は、そうした言葉を紡いで、表明する努力はわきにおいて、もっぱら行動によって信念を表明するので、その行動が牢とした慣習となって、みんなを支配すればするほど、だれにも分からないものになるのである。集団のなかの「気」である「空気」は、そうした分かりにくさの霧をいっぺんに晴らせてくれそうな何かを指している、役に立つ言葉である。ある人の属する集団が、一定の方向に動こうとするとき、現在の大勢は、その人が行動するための条件になり、個人がそれを変えることはできない。日本語では、そのとき集団のなかに動いている「気」を、空気と言う。集団の規模や目に見える社会的な役割がある程度大きくなれば、その事情は、どこの国でも同じである。ただし、日本では、国全体から職場や地域住民の自治組織まで、集団の規模や役割を問わず、空気の動きが行き渡って、それがみんなの行動を決定している。「気」について言えることは、すべて根本的には空気についても当てはまる。

空気は、「気」が人と人とのあいだにあるときの呼び名である。

集団のなかの空気の支配は、よく批判的な論議にさらされる。それは、とくにある集団が一定の方向に動きだし、その結果がみんなに害を与えたとき、人は集団のなかで個人の判断に基づいた意見を主張できないとか、有害な結果に対する個人の責任をとろうとしないとか言われるときである。空気の支配のせいで、個人が意見を主張できないのと、集団の動きがみんなに害をもたらしたとき、個人がその地位に見合った責任をとろうとしないこととは、当然の関係がある。かつて、『「空気」の研究』という本を書いた山本七平は、その冒頭で、ある雑誌の編集者が訪ねてきたときのことを語っている。その編集者は、「いまは、だいたいその空気ですね」とか「だいいち、うちの編集部は、そんな話を持ちだせる空気ではありません」などと言って、話が肝心なところにくると、再三「空気」という言葉に頼るのが印象的だったらしい。しかし、日本語として、その言い方は少しもおかしくない。著者も、それを認めて、空気は、集団のある状態を伝えるまことに的確な言葉であり、人は、無色透明で、その存在をしかと確認できにくい空気に拘束されていると言っている。しかし、一方でその編集者を支配しているのは、それまでの議論の結果として出てきた結論ではなく、空気なるものであって、人々が結論を採用する場合も、それは論理的結果としてではなく、空気に適合しているからであって、採否は空気が決めるので、「空気だ」と言われて拒否された場合、空気を相手に議論するわけにはいかないので、その人にはもう反論のしようがない、と書いている。たしかに、この指摘にあるような場面を、じっさいにいちども自分で体験したり、見聞きしたりしたことがない日本人は、おそらくいないだろう。

いまの例は、個人の意見や主張を封じ込めるほど強い空気の拘束力に批判的な目を向けようとして語られたエピソードであるが、そのことに当然の関係がある、集団行動の結果に対して個人が責任をとろうとしないことについても、しばしば話題になる。そのもっとも顕著で、歴史上の記憶に新しい例の一つは、第二次大戦で日本が敗北した直後のいわゆる東京裁判において、戦争指導者たちが述べた自己弁護の言葉であろう。日本中に未曾有の被害をもたらした戦争の指導者たちは、被告人として連合国の検察官に追及されたとき、ほとんどが当時の地位に見合った責任を認めず、行動の理由を「空気」のせいにしたのである。その弁明は、とどのつまり「あのときの空気では、ああせざるを得なかった」という言い方に要約される。山本七平が、いまの本のなかで紹介している「戦艦大和出撃」のさいの話も、それに関連したエピソードだろう。当時の軍令部次長・小沢治三郎中将は、後に「全般の空気よりして、当時も今日も（大和の）特攻出撃は当然と思う」と語ったというが、それについての山本の意見は、こうである。「大和の出撃を無謀とする人々にはすべて、それを無謀と断ずるに至る細かいデータ、すなわち明確な根拠がある。だが一方、当然とする方の主張はそういったデータ乃至根拠は全くなく、その正統性の根拠は専ら『空気』なのである。従ってここでも、あらゆる議論は最後には『空気』できめられる。最終的決定を下し、『そうせざるを得なくしている』力をもっているのは一に『空気』であって、それ以外にない」(2)。

日本の集団には、空気の支配が行き渡っているので、個人は自己主張せず、そこにおける自己の役割については自己の責任感が薄いということであるが、自己主張するときは、いつもそこに個人の信念が見つかるはずである。そこで、日本人は、集団のなかで個人の信念をもたずに生きているかといえば、けっしてそうではない。たしかに、それは言葉が構築する観念によって心のなかに作りあげられた信念ではなく、幼い頃から、歳をとるにつれて、みんなと同じようにしなくてはならないという命令として、いわば感覚をとおして刷り込まれた信念である。だから、後になって、集団のなかの空気に命じられて、みんなと同じ行動をしたのであるから、自分には個人としての責任はないという弁明になる。責任は、集団の内外の特定の個人や複数の人たちに対して引き受けなくてはならない、命令された任務である。つまり、「日本人は、何でも空気のせいにする」と言って、個人の「責任」を認めたがらないと難じるとき、その背景には、構成された言葉による観念が支える信念と、集団のなかの習慣から、ほとんど感覚的に身につけた信念の、少なくとも二つの信念があるのを見てとることができる。

集団のなかの「気」である「空気」に比べて、「責任」は、今のところ日本語としてずっとなじみが薄い。責任という単語も、古くから中国にあって、日本の文献にも見られるようだが、江戸時代の言葉を集めた大きな辞書には載っていない。法律用語としては、明治時代以降に採用された、西欧語からの翻訳語である。しかし、その単語が日本語として採用されたからといって、日本人の心のなかに、その中味である観念が自然に生まれるわけではない。観念は、言うまでもなく、意味によってつながった言葉から、心のなかに形成されてくる表象である。言葉があっても、それについての観念がないとき、極端には、その言葉に意味はない。責任は、その点で「気」に比べてなじみが薄いのである。だから、日本人が心からみんなに同調しようとして動いた結果に対して、後になってなかのある人が責任を問われても、みんなは心から身につまされることがないのである。

人が集団のなかでみんなと同じようにしようとするのは、人の行動のもっとも基本的な傾向である。それは人ばかりではなく、動物たちについても言える。人も動物たちも、同類の真似をしながら成長し、仲間の一員になる。人は集団のなかで、知らず知らずにみんなの真似をしながら、それを重ねて人になるのである。その過程における人の心の動きは、同一化あるいは同一視と呼ばれるが、その言葉は、今日では精神分析のみならず、一般の心理学用語として、広く使われている。日本人の行動の目立った特徴とされる、みんな一緒の大勢順応主義の傾向も、人の心の同一化の過程に支えられている。人は、仲間の他人がいなくては、自分がだれであるかを分からないが、自分がだれであるかを分かる前に、すでに他人の真似をしている。他人の真似をして、みんなと同じようにすることは、やがて自分が仲間のなかで、みんなと同じ人だと認めてもらうことにつながる。仲間からみんなと同じ人だと認められるのは、人が生きていくうえの基本的な条件である。

人は、真似をしながら、まねた他人の姿を心に刻み込んでいき、やがて、その姿は自分の像になる。それは鏡の前に立って、そこに映る姿を自分の像として認めるのと同じ心の働きによっている。どちらの像も、他人や鏡像を知覚することによって心のなかに生まれる自分の姿形であり、そこに想像力が働きかけるのである。その結果、自分の像は多かれ少なかれまとまりと持続性をもった図形となり、やがてそれは自我と呼ばれるものが形成されるための原図になる。そして、人の想像力は、自分がまねた他人をモデルにしながら、自分の像を作ろうとしているうちに、そのモデルには意味や価値が付与されて、心のなかには理想と呼ばれる望ましい姿形が生まれる。フロイトは、自我と理想の関係を示すために理想自我と自我理想という、ややまぎらわしい二つの用語を使ったが、いずれも同一化の過程と密接に結ばれている。

同一化は、人の心の動きと行動を説明するのにもっとも基本になる概念であるが、その全体の詳しいところはつかみにくく、言ってみれば、広すぎて漠然としている。フロイトがそれを詳しく論じたのは、かなり後になってからであるが、そのさいに同一化の三つのあり方を区別している。[3] そこでは、そもそもの同一化は、人がそうありたいと思う心の動きであるが、その同一化は、人が他人のもっているものや性質を自分のものにしたいと思う同一化とは区別されるという指摘が注意をひく。つまり、同一化には大きく二つの要素があって、一つは、自分がそうありたいという同一化であり、もう一つは、自分がそれをもちたいという同一化で、そのさいに自分がもちたいものを同一化の対象と呼んで、同一化そのものと区別している。

そこで、かりに自分がそうありたいという同一化を第一の同一化と呼び、自分がもちたいというそれを第二の同一化とすると、両者における対象は、それぞれにどういう特徴をもっているだろうか。フロイトは、二つの対象の性質をはっきり区別していないが、どちらの場合も、対象は全体的ではなく、部分的でありうるとしている。つまり、人が他人の真似をするのは、他人の全部ではなく、その制限された一部分でもありうるし、それが通常の場合だという。そして、そのとき真似をする他人の一部分を、「一つの特徴」と呼んでいる。フロイトにとって、同一化の対象の性質がそのようなものだとしても、同一化をそうありたいと、それをもちたいの二つに分けるのは、その本質を考えていくうえで役に立つ。ラカンは、とくに理想自我と自我理想について、二つの同一化を考えていると言えよう。そのさい、彼はフロイトの「一つの特徴」を重視している。

理想自我は、同一化によって生まれる自我と理想のうちで、その目立った特徴は、想像的な性質をもっていることで、おもに知覚像と想像力によって心のなかに形成される。そこで、理想となる対象は、いまそれを知覚している自分や、かつて知覚し、いまそれを想像している自分とはっきり区別されず、対象と自分とどちらがどちらとも分からず、たんにそうありたい望むものである。その意味では、対象は、じぶんのそとにあるものとして対象化されているとも言えないものである。そして、そのような対象は、想像的同一化における形成物とみなされる。一方、自我理想は、フロイトにおいては命令や禁止をともなった超自我からの要請によって生まれた心の領域とされていたが、ラカンは、それを「一つの特徴」をもった部分的対象として、第二の、それをもちたい同一化を支える心の領域とみなした。対象は、そのさいは想像的なものにではなく、象徴的なものに属しているので、その対象との同一化は、象徴的同一化とみなされる。そのように、ラカンがフロイトの同一化を想像的同一化と象徴的同一化に分けたことで、他人の真似をするという人の行動が、人の心の動きと、人がそこに生きる群れとの、あるいは集団との関係から、さらにはもっと広く、人と文化との関係から、より明確につかめるようになったと言えるだろう。

とはいえ、同一化は、ふつう知らず知らずに他人の真似をしながら、やがて多かれ少なかれ自覚的に自分もそうありたいと願う感情的な、あるいは情動的な体験をとおして知られるものとされてきた。そこで、象徴という、冷たく客体的なものに同一化するとはどういうことか。それをすぐに経験から理解するのは難しい。しかも、それは人の心の動きの必然性によっているとされる。人は、文化の世界において、自分と他人のどちらがどちらとも分からない状態から、自分を他人と同じ人の一人として数えることができる世界に移行しなくてはならない。それは、ありたいという第一の同一化から、もちたいという第二の同一化へ、つまり想像的同一化から、象徴的同一化へ移ることである。けれども、この移行は、第一の同一化をすっかり解消して、第二のそれに移ることではない。フロイトが対象の性質を区別しなかったように、同一化の対象は、心のなかで欲動と結ばれた表象として、想像的な本質を失わず、最後まで感情的、情動的な体験を呼び起こす。むしろ、第二の同一化をうながす象徴的なものが、その後の想像的同一化の支えになるのである。

人がみんなのなかで、自分と他人を区別しない同一化から、自分をある固有名詞と、一人という数をもった存在にする象徴との同一化へ移るのを分かりやすくするのに、次のような例は、役に立つだろう。それは、大人が子供に、きょうだいの数を聞くときの話である。「きみには、きょうだいが何人いるの」、子供は答える、「三人。太郎と、次郎と、ぼく」。この子は、きょうだいのなかに自分も入れて三人と答えた。そこで大人は言う、「きみのきょうだいは二人だね。他の人からみれば、きみたちは三人きょうだいだけど、きみがきょうだいの数を聞かれたら、二人と言わなくてはいけないよ」。日本語の日常では、大人たちは子供にきょうだいの数え方をあまりうるさく言わないが、それでも、やがて子供は、たいてい自分を差し引いて答えるようになるだろう。子供は、はじめに自分も数えられるもののなかに入れていたが、やがて自分は数えるものとして、数えられるものと区別するようになる。

子供は、こう一人で呟くかもしれない、「ぼくをきょうだいの数のなかに入れてはいけないなんて。ぼくはもうそのなかにいないんだ。だけど、ぼくがいなければ、ぼくのきょうだいは数えられない。それなら、数えるぼくは、いったいどこにいるんだ」。さしあたり、自分をきょうだいの数に入れない子供の場所にはだれもいない。しかし、やがてそこに、子供は三郎という名の、きょうだいの数を数えている自分を認めるようになるだろう。子供をきょうだいの全体から除外させるきっかけになったのは、子供が数を数えるという行為である。それによって、きょうだいの代わりに一人、二人と、数になった象徴が現われる。子供を全体から除外したのは、数となった象徴であり、それによって「ぼく」は消去されて、一人になる。子供は、すでに象徴の世界に参加して、きょうだいのみんなに同一化するのではなく、「ぼく」に代わって、「ぼく」を象徴するものに同一化しようとしている。しかし、その象徴は、あくまでも「ぼく」ではない。そこで、「ぼくは、どこにいるんだ」と自問する。その問いに答えるのが、「ぼく」と象徴をつなぐ、子供の心の想像的な活動である。

子供が象徴の世界に入るのは、人としての必然の道筋である。子供は、そこで数えることを身につけて、自分がみんなの一人であるのを知る。しかし、みんなの数を数えるのと、自分をみんなのなかから一人として差し引くのとは、そのあいだに、まだ大きな開きがある。いまの子供も、きょうだいの数を聞かれて、そのなかに自分を数えている。象徴的同一化が、自我理想の働きによって生まれるには、さらに別のことが必要である。数や名前のような象徴は、もともとそれ自体としては、たんなる客体的なもので、意味はまったく中立的か、さらには無意味なものである。それを理想的なものに仕立てるには、自我にとって有益な価値や意味が、それに与えられなくてはならない。それをするのは、人の想像界の働きを措いてない。象徴界と想像界とが関与しあって、はじめて人の心のなかで自我理想が役目をはたすのである。象徴という、もともと冷たい、たんなる客体を自分の代わりとして、それに意味を与える心の想像的な働きは、少しも受動的でなく、能動的、積極的である。しかし、人は、その欲動が表象の姿形をとって、その動きが情動や感情として体験されるとき、その表象が、しばしば大きな支配力をそなえていると想像する。そのとき、人は、その表象に対して受動的になり、さらに、その表象をあたかも実在するかのように、現実的なものと取り違えるのである。

ところで、「気」は、集団のなかで空気となり、それを論じるたいていの人は、その圧倒的な支配力に注目する。しかし、そのような人と人とのあいだに遍在するとされる「気」は、たとえ科学的にその実在が確かめられたとしても、現実的なものではなく、あくまでも人の想像力によって意味が与えられた言葉である。空気が集団のみんなを支配しているというのも、みんなが空気に与えた意味の働きによっている。空気は、あたかも実在するかのようにみなされて、それが集団の動きを支配するという、みんなが空気に与えた意味である。だが、空気は、現実的に実在しているものではなく、集団を支配しているものでもない。それでも、集団を支配しているとするなら、それは象徴的な言葉としての「気」に対して、みんなの心がそこで能動的に働く想像界が関与しているからである。人が、そのような「気」を、絶対的な支配力をもった実在物としてではなく、意味の中立的な象徴として認めるためには、空気が支配している集団のなかから、自分を差し引かなくてはならない。そうしてはじめて、自分がそのなかにいるみんなから空気を引き離して、その空気を象徴として、自分ではない、そとにあるものとして対象化できるだろう。そのように、空気と自分の関係が分かるのには、集団のなかから自分を差し引かなくてはならないが、それは象徴的同一化の過程と同じである。

さて、自分をみんなの数から差し引いたうえで、みんなの数を数えるのが、対象化の原点だと言ったが、人は、ちょうどそのとき、きょうだいの数を聞かれたこどものように、自分がいるはずのみんなのなかに自分の場所がなくなり、自分がどこにいるのか分からなくなる。人の心のなかで自我理想の領域が機能して、象徴的なものを同一化のモデルに仕上げるのは、そういうときである。しかし、自我理想の理想とは、たんなる数のような象徴ではなく、自我にとって有益な意味や内容をそなえていて、そういう望ましい対象の代わりをする象徴が、理想の形成にあずかるのである。そういう面から空気について考えてみると、それがどれほどみんなに大きな支配力をふるう実在物と思われても、それを心のなかで具体的に表象するのは難しく、そもそもこれといった「一つの特徴」をそなえていない。だから、空気そのものはとくに望ましい対象ではなく、それが支配する集団には、いつもみんながそこに自分の場所をみつけて同一化する、「一つの特徴」をもった人がいて、それがまさしくみんなのモデルとして機能するのである。そして、空気は、現在の日本語で、そういうモデルの支配力が集団のすみずみに及んでいることを象徴している言葉として使われている。

こうして、みんながいて自分がいない場所で、モデルに同一化するのが、象徴的同一化の始まりと言える。人は、このモデルを自分のそとにいながら、自分の代わりをする象徴として認めたとき、みんなを他人として対象化することができる。そして、さらに自分と集団の相対的な関係をとらえることができる。しかし、空気の支配は、人と集団が、それぞれ相対化されるのを妨げる。空気は、みんながそれについて語っているのに、みんなのそとにあって集団を支配していると思い込ませるほど、その力が強いので、みんなはそれについて語っているという事実さえ忘れてしまう。そうなれば、それを語っているみんなや自分に気づくことはできなくなる。空気の支配する世界は、そうして人と集団あるいは社会、文化が一続きになって、その文化が、また自然と連続している。そこでは、集団を支配する象徴の機能と、その内容すなわち人の想像力がそれに与えた意味とが区別できない。「気」の働きによって、人と文化と自然が一つの全体をなすかのように表象される世界では、空気から出た要請は、あたかも自然からの絶対的な命令のように受け取られて、それが人の心の想像する働きによって意味を与えられていることも忘れられてしまう。空気は、現在の日本語で、集団の動きを左右する何かを指す言葉として通用しているが、それが何を意味するのか、明らかでない。ただ言葉として、象徴的なものであることだけが確かである。

それにしても、象徴という単語は、現在の日本国憲法の第一条に二度も使われているのに、日常の日本語では、それほど意味のはっきりした言葉として、親しまれてはいない。憲法は、天皇が日本国を象徴し、日本国民統合の象徴であると謳っている。つまり、天皇という地位にある人間が、国家としての日本を象徴し、さらに日本国民が統合されてあることの象徴でもある。だが、天皇を規定したその象徴について、当然ながら問題が生じている。その象徴は、旗や十字架のようなものと違って、生きている、具体的な人間である。鳩が平和を象徴するとき、鳩はたしかに生きものであるが、天皇は、そのような生きものではなく、日本国民とまったく変わりがない、生きた人間である。そのような存在を象徴と規定することになると、それでは、天皇は日本国民のなかに入るのかどうかという問いが当然生まれてくるし、じっさいに、それが憲法制定の過程で問題になった。その後のいきさつや、うやむやになった現状とは別に、象徴の意味の面から、それはやはり本質的な問題なので、少し振りかえってみたい。

Ⅱ　生きた人を象徴にする同一化

天皇をめぐる象徴の意味は、主権のありかについての議論のなかで問題になった。主権は、国の政治のあり方を最終的に決める権能であるが、それをだれがもつかということで、国民に主権があるならば、象徴としての天皇は、その国民のなかに入るかという問題である。戦前からの著名な憲法学者の美濃部達吉は、戦後まもなくこの問題にはっきり答えている、「国民とは天皇を含めた意味の国民であり、天皇は国民統合の象徴たるものであるから、主権が国民に属するといっても決して天皇の主権を排斥するものではないというような説をなす者があるけれども、それははなはだしい詭弁で、とうてい支持することのできない説である。もし新憲法において天皇制を全廃し、旧憲法における天皇も新憲法においては一般国民と平等の地位にあるものとしたのであれば、旧法における天皇が新法においては国民の中に含まるることはもちろんであるが、その場合にはもはや天皇ではなく、平等な国民の一員にすぎぬ。しかるに新憲法は天皇制を存置し、天皇は一般国民とは異なった（象徴という）憲法上の地位を有するのであるから、『国民』の中には天皇を含むものでないことは明瞭である」[4]。以上の説明には、象徴の意味についての明瞭な認識がうかがわれるが、それに対して、「天皇が日本国民の一員であることはいうまでもない」として、むしろ象徴であるからこそ、そうなのだと言った人もいる。

その説は、戦後まもなく、国会の意見陳述や雑誌などで、「新憲法下において、天皇が国民と呼ばれないことは勿論である」と言った、やはり戦前からの憲法学者であった佐々木惣一に対して、哲学者の和辻哲郎が出した反対意見のなかにある。和辻は、その理由として、こう言っている、「日本語の国民という言葉は久しくnationやpeopleの同義語と解せられ、その意味で一つの文化共同体を（一つの国家組織の中味となっている文化共同体を）さし示している。そういう意味の日本国民は、君主であるかどうかという身分のいかんを問題としないで、言語や習俗や歴史的運命などを共同にしている人々をことごとく含むのである」[5]。そして、象徴については、こう述べている、「日本国民の全体性と天皇とは別なものではない。日本国民の全体性を対象的に示すものが天皇なのである。しかしそれは天皇が直ちに日本国民の全体性だということではない。両者が同一であれば一が他の象徴であることはできない。天皇はあくまでも主体的な全体性とは異なったものである。しかしその異なったものにおいて、それにもかかわらず国民の全体性が表現せられるところに、初めて『象徴』の意義は成り立つのである。もし象徴の概念が在来の法学にかけているならば、この概念を久しく取り扱って来た哲学から取り込めばよいであろう」[6]。

象徴という言葉は、その働きが人の心の動きと密接な関係があるので、法学者たちは、それが法律の条文になじまないことに当初から気づいていた。しかし、憲法の第一条に使われているからには、その一般的な意味を採用するより仕方がない。そして、大方、「象徴は実在的他者をあらわす。（そして）象徴するものは、象徴されるものと、本来は相交わりがたいものでありながら、それらを結びつける媒介的契機を含んでいる」[7]という理解に落ち着いたとみてよいだろう。そこでは、象徴の外在性と媒介的機能が、はっきり認められている。それは、まさしく哲学が久しく取り扱ってきたのと一致する概念である。ところが、和辻は、象徴するものと象徴されるものは、別であっても同じだと言う。同じであって、同じでないというのは、子供にも分かる矛盾した理屈のようにみえる。あるいは、象徴がもつ「媒介的契機」をすっかり端折ってしまったせいだろうか。

そのことを探るのに、和辻が主権と呼ばれるものについて、それは「明治以後の事実なのであるか、あるいは国初以来の歴史を通じての事実なのであるか」という、佐々木に対して出した問いが参考になる。佐々木は、こう答えている、「何人が統治権の総攬者であるか、ということは、法が定めるのである。憲法が特定の人を以て統治権の総攬者とすると定めるのであって、この憲法の定めを外にして、或人が統治権の総攬者であるのではない。故に、或国家において或人が統治権の総攬者である、ということは、その国家が如何なる国体の国家であるかを知るべき法律事実である。これを称して、国体の概念に該当する事実という。その事実というのは、社会に発生した、従っていわゆる歴史的の、事象というようなことではない。法が取り扱っていて法上の定めの対象としている事項という義である」[8]。法学者の説明は明白であって、和辻の言う「明治以後の事実」すなわち法律上の事実は、あくまでもフィクションである。だから、それはもともと人工的に構成されたもので、観念的に操作することができる事項だと言うのである。

それに対して、和辻は、「伝統的権威は、法律によって定められる法律事実というようなものではない」という前提から、こう述べる、「わたくしはこの天皇の伝統的権威が、日本の歴史を貫ぬいて存する事実だと考えるのである。それは天皇が国民の全体性を表現するがゆえに生じた権威であって、国法の定めによりはじめて成立するのではない。それは厳密な意味での国家の成立に先立って存し、また国家の統一が失われた時にも存続した。日本の歴史を貫ぬいて存するのはこの事実であって、天皇が統治権の総攬者であるという法律事実ではない」(9)。法学者は、法律的事実がフィクションだと言うが、和辻は、歴史的事実がそうだとは考えていない。フィクションとは、人が言葉によって構成するものである。天皇が国民の全体性を表現しているのは、そういう事実でないとすれば、ここでの争点は、どちらの事実が本当の事実かということになる。言いかえると、どちらの事実に、より現実性があるのか、あるいは実在性があるのかということになる。現実性や実在性は、人の心のなかに描かれる表象の力から生まれる。法学者が、あらかじめ、自分の言う事実はフィクションだと認めて、議論を進めようとしているのに対し、和辻は、どちらの事実がより現実的であるかを争点にしようとしている。

歴史的事実の中味は、天皇が表現している国民の全体性であるが、その全体は、ちょうど子供がそのなかに自分を入れて数えた、きょうだいの数のようなものである。そのとき、あの子供が忘れていたのは、数を数えながら、その数が言葉であるということ、つまり、数を数えながら言葉を語る人になったということである。人は、人の語るものについてしか語れないというのは、あまりに自明なことであるが、大人はそのとき語る人と、語られるものとは別で、語る人は語られるもののなかに入れてはいけないと注意したのである。それは、言葉が象徴であり、「媒介的契機」を生むものであって、語る人そのものではないからである。歴史的事実も、人が語るものであるのは、断わるまでもない。だから、それをもって、どちらの事実がより現実的であるかを争おうとするのは、それ以前に行うべき象徴についての議論をなおざりにすることである。

言葉の刺激から心のなかに描かれる表象が、象徴の「媒介的契機」を生む。だが、人が象徴は人でないのを忘れてしまえば、その人は、語っている自分を置き去りにしてしまう。和辻は、日本国民の全体性と人としての自分の存在を区別していない。それは、おそらく心のなかで「事実」という言葉の表象の現実性が強まり、ついにはそれが実在するという思い込みにまでなったからだろう。だから、彼が語るものは、表象が実在するという思い込みをともにする人にしか意味をもたない。つまり、「事実」と天皇が表現している国民の「全体性」とが、言葉の媒介によってつながらないのである。それは、ちょうど「私は、私だ」と言うように、「事実は、事実だ」と断言しているのである。同語反復は、沈黙と同じで、ふつう実質的な意味はないとされているが、もしあるとすれば、そういう表現が思い込みをともにする人の情動を喚起するからである。しかし、議論においては、別であっても同じだとか、同じであっても同じでないというような、一見して矛盾していることをつなげて意味のある言述にするのは、媒介となる言葉の筋道であり、それが理屈とか論理と呼ばれている。和辻の語るものには、「歴史的事実」という言葉の現実性に訴えようとする意思だけがあって、理屈や論理がないのである。けだし、それは言葉の表象に対する想像的同一化において、必ず起こることだろう。

人が自分を語るとき、「それは、私ではない」と言って、みんなから自分を引き離すのが、象徴的同一化のはじまりだった。同語反復には、そういう打ち消しはない。いつも、「事実は、事実だ」と言っている。しかし、その「事実」でさえ、たとえだれがそれを言っても、すでに事実でないものを含んでいるのである。和辻が言う「事実」は、すでに事実でないものがあるのを暗に認めている。法学者が言う事実は、「事実」でないのである。そこで、法学者の「法律事実」に倣って、自分が言う「事実」を「歴史的事実」に限定して、天皇が日本国民の全体性を表現している根拠としては、どちらがより本当の事実かを争う。そして、「歴史的事実」はより本当の「事実」なのだから、天皇が国民のなかに含まれるのは当然であると言う。しかし、憲法は、天皇を象徴であると規定していて、和辻も、象徴は象徴するものと別であるのを認めているのだから、彼の言うことは矛盾している。そこで、佐々木は、「(天皇が象徴とされたことによって、だれが主権者であるかという意味の国体は) 変更したけれども変更しない、などと世俗を迷わしめることは禁物である。変更したものは変更したというの外ない。たといそれが政府や世俗のよろこばぬことであっても仕方ない」[10]と詰責するのである。

ところで、一般に、「変更したけれども、変更しない」は、いつも理不尽だというわけではなく、そう言えることもある。ただし、それには一見して矛盾する二つの陳述をともに可能にするような説明が必要である。和辻にとって、日本の主権者が変わっても、変わらないのは、日本国民の全体性を表現する天皇の権威という歴史的事実である。しかし、新憲法は、天皇が象徴であると明記している。そこで、天皇は、日本国民の全体性とそのまま同一であることはできない。ところが、和辻によれば、同一でないものにおいて同一であるのを表現するのが、まさしく象徴である。それは鳩が平和の象徴であると言うときのことを考えてみると、鳩は平和とは異なったものであるが、その異なったものにおいて鳩と平和は同一であると言うのと同じである。そこから、「日本国民の全体性と天皇とは別のものではない」と結論する。ただし、天皇は、「あくまでも（日本国民の）主体的な全体性とは異なったもの」で、そこに天皇の象徴たるところがあると言う。

天皇は、日本国民の全体性と別のものではないが、天皇は象徴であるので、その全体性は、あくまで主体的な全体性とは別のものである。だが、和辻の言う主体的とは何だろう。ふつう、それは客体的とか客観的の対義語のように思われている。しかし、その意味では、何かがあるものを客体的に、あるいは客観的に象徴することは絶対にない。象徴は、人がそれに意味を与えるという、人の心の能動的な働きがなければ、象徴にならない。それは、観念を生みだそうとする能動性で、まさしく主体的な、あるいは主観的な能動性である。しかし、和辻は、象徴が別のものを同一のものにして、しかもそれが主体的にではないと言って、象徴は、別のものを観念的に、あるいは主観的に同一のものにするのではなく、客観的にそうするのだと主張している。言いかえると、それは、フィクションとして変更したり、しなかったりするものではなく、事実として、変更しないものにする。象徴とは、そういう表現者のことだと言うのである。

彼の言うところは、天皇という象徴と日本国民の全体性とが別のものでありながら、同一であると主張しているだけで、理屈に合った説明にはなっていない。おそらく、彼には法学者の説明が観念的であるという印象があった。さらに、そのおくには、人によって語られるもののなかには、語る人の主体的な能動性を越えるものがあるという思いがあった。そこで、言葉という象徴の意味をねじ曲げることになったのだろう。一方、法学者は、法律で語られるものが、はじめからフィクションであるのを認め、そこでの事実を法律事実であるとしている。すなわち、それは人がすすんで事実を生もうとする心の働きの観念的な産物である。法学者の解釈から受ける印象は、厳密であるが、形式的である。けだし、法律家は、職業上、言葉を意味の多義性を排した象徴として、同時に人の行動を目に見えて左右する効果を、すなわちそのような意味をそなえた象徴として扱わざるをえないからだろう。

一見して矛盾する二つの陳述を無理なくつなげて説明できるのは、やはり言葉であるが、そのときの言葉は、それぞれが孤立した一語一語の単語ではなく、いわばまとまりのある意味をもった文としてのそれだと言えよう。それぞれの文は、「丸い三角」とか「夜は昼である」のような、明らかに矛盾した意味をもってはいけないが、理解できる通常の文が一見すると矛盾した前後の陳述を合理的につなげるのである。そこで、和辻の天皇、日本国民の全体性、権威、象徴などについてみると、それぞれは独立した単語であって、それだけでは何も明らかにしていないのは、他の言葉の場合と同じである。そして、そのつなげ方はどうかというと、とどのつまり「歴史的事実である」という断定によって、前後の陳述をつなげる理由とされている。しかし、彼は自分が言葉という能動的に観念を付与された象徴によって語っているということを忘れているので、合理的な説明にはならない。「歴史的事実」は、あたかも「法律事実」よりいっそう「事実」に近い事実であるかのように、それが主体的、主観的であることさえ認められないのである。

にもかかわらず、どうして彼の文に説得力があるのだろうか。それは、おそらく個々の単語が、それ自体で与える意味の効果のためである。すなわち、言葉によって表象されるものと、その実在性とを結びつける力のためである。それがいかにも実在するようにみえるのが、その言葉の現実性である。そして、その現実性は、たとえ文のなかで、言葉それ自体の意味は明らかにされずに、個々の単語として短絡的に使われていても、人をとらえる力をもつのである。天皇、日本国民、権威、伝統などの言葉は、文のなかに並べられると、読む者に対して効果をもつ。それらは、魔法の呪文のなかにあるような、通常の言葉としては意味がない、あるいは意味の分からない言葉ではないが、それらが現実に存在するものの実在性を示す標識に近づけば近づくほど、魔術的な性質をもつようになる。言葉と現実を短絡的に一致させようとすれば、言葉は魔術の道具になってしまう。そういうとき、言葉と実在的なものを合致させようとすればするほど、人は言葉が象徴であることを忘れ、それを想像的に使用することになる。

和辻の象徴解釈に登場する天皇や権威などは、日本語として、人をとらえる力をもつ言葉である。しかし、そういう言葉の力に頼った主張は、天皇が日本国民の全体性の表現者であることが、共同体の伝統に基づく歴史的事実だという結論を言うさいに、憲法で象徴と規定されている天皇と日本国民が、別であっても同じであるという、象徴についての恣意的な解釈を余儀なくさせてしまった。象徴するものと象徴されるものが同じであるなら、象徴を「表現者」とする言葉そのものに意味がなくなる。それをあえてつなげようとすれば、「事実」という言葉を魔術的に使用せざるをえない危険が待っている。天皇と日本国民が同じであるのは、日本という「文化共同体」のエッセンス（中味）であるとされるが、それはあくまでも想像的文化共同体の（エッセンス）と限定すべきだろう。しかし、日本国民は、たんにそういう共同体には生きていない。日本は、地上で人が生きているあらゆる場所と同じように、象徴的なものが働いて、それによって規定されている人が生きているところである。法学者が、和辻の主張を「世俗を迷わしめる」と言うのは、たんにその理屈に矛盾するところがあるというのではなく、人を単語としての言葉によって籠絡しながら、想像的世界を徘徊せしめるという意味だろう。

象徴についての説明がだいぶ長くなってしまったが、「気」についても、人がそれについて話しているのを忘れると、同じようなことが起こる。つまり、「気」が集団のなかに遍在する空気となり、集団を一つにして、みんながそこに含まれると、人は、それについて自分が話しているのを忘れて、みんなに同一化するのである。しかし、人はそのとき、空気となって集団を支配する「気」に同一化するのか、それとも集団のなかのみんなに同一化するのか。それはつまらない疑問で、もちろん、「空気だ」と言って集団の流れに従う人に同一化するのだとされるだろう。たしかに、空気のもとである「気」は、実在するとされているが目に見えない。人が真似をするのは、自分と同じような目に見える人の言動であり、空気は、人にとって直接の手本にならない。その意味では、人が同一化する対象は、あくまで他者としての人であると言えよう。それでも、人は後になって、「あのときは全体の空気に従ったのだ」と言う。だが、そこにじつは、人が想像力によって生命を吹き込む象徴としての言葉の不思議な力がある。

それは、人が、どれほど集団のなかのみんなに依存してきたかを思ってみれば、すぐに分かることである。人は生まれたときから、食べ物をはじめ、生存に必要なあらゆるものを、やがて同じ言語を使用する人々から与えられてきた。それによって、他の人々との絆は、生きていくうえで欠かせないものになったが、それらの必要なものは、自然に、自動的に与えられたのではなく、人々と共用する言葉をとおした要求によって獲得してきたのであり、そこに人の同一化の培地を見ることができる。そのことは、人の生が言葉という象徴的なものと、いかに本質的に結ばれているのを示している。それとともに、人が対象から満足を得ようとして、心に表象を織り上げて作る想像的なものの領域と、その象徴的なものとがいかに深く結ばれているかを示している。

天皇が日本国民の全体性の表現者であることは、日本が共同体としてあり続けてきた揺るぎない伝統であって、ある時代の政治体制の変化に関わりがない。和辻は、そう主張した。それが事実なら、日本は共同体としてあった当初から、天皇は、そこに生きる人々の同一化の対象であった。一方、現在の政治体制は、天皇を象徴と規定した憲法をもっている。そして、同時に日本という共同体のもとにあるあまたの下位集団では、人々はだれもが空気の流れに従っている。空気は、それ自体、まさしく象徴的なものとしての言葉であり、それが指しているのは目には見えないが、力をもった実在する物質とされている。天皇は、その言葉の指しているものが目に見える象徴とされ、空気は、その言葉自体が、集団のなかで支配力をふるう象徴である。同一化の面からすれば、人は、それを指す言葉以外に形姿のないものを対象にするよりも、自分と同じ形姿の同類を対象にすると見るのがふつうである。そこで、人は、日常を生きるそれぞれの下位集団のなかでは、空気に従っていると言いながら、空気という言葉としての象徴にではなく、全体性の表現者である天皇に従っているのだと、一応は考えられる。ところが、現在の政治体制では、天皇はまた憲法によって、とくに象徴と規定されている。だから、空気と天皇は、本質を同じくすると言うこともできよう。しかし、天皇は、象徴とされながらも、言葉のような象徴ではなく、同時に共同体に生きる人々とまったく同じ人である。そこで、人と象徴をあえて一つにしてしまったと、終戦直後おもに法学者からやかましく言われ、今もそのままにされている問題がある。

象徴的なものは、人を規定する基本的な領域の一つでありながら、他者性を本質的な特徴としているので、じっさいに生きている人を象徴とすることには、矛盾が付きまとうのは避けられない。だから、たとえ象徴とされた人に同一化しても、象徴として同一化したのであれば、その人は他者であり、その人を象徴とした人々と同じ人ではない。つまり、その人は同じ人であるのに、同じ人ではないという矛盾をすっかり拭うことができない。また、その人が象徴であるのを忘れて、たんに人として同一化するのであれば、それは想像的同一化である。原理的にそう言えるのだが、じっさいには、どっちつかずの状態が多かれ少なかれ存続する。そのためか、政治の分野でも、人を象徴と規定するのは、広く認められそうでありながら、じつはそうでなく、むしろ例外的であるようだ。象徴が、その分野で最初に登場するのは、イギリスのジャーナリストで、政治学者でもあったウォルター・バジョットが、一九世紀の中頃に書いた『イギリス憲政論』のなかだと言われている。

その著書は、日本でも明治時代から、名前がよく知られていて、邦訳書もたやすく手に入る。著者は、そのなかの二箇所で、象徴を「目に見える象徴」という言い方で使っているが、その一箇所に「君主は、相争う党派を融合させることができ、教養が不足しているためにまだ象徴を必要としている者に対しては、目に見える統合の象徴となることができるのである」[11]と書いた。研究者によると、その後二〇世紀になって、同著の大衆版に序文を書いたイギリスの保守党政治家のバルフォア伯爵が、一九二六年に議会に提出した「ウェストミンスター憲章」(一九三一年)の案文に、この言葉が使われ、結局、その前文には「王位(the Crown)はイギリス連邦構成国の自由な連合の象徴(the symbol)であり、構成国はクラウンに対する共通の忠誠によって結合されている」と書かれた。研究者は、象徴には不定冠詞ではなく、定冠詞(the)が付いていることに注意を促して、ここに宣言されているのは、イギリス連邦を象徴するのは、他の何ものでもなく、王位のみであると断っている。さらに、日本で新憲法を作るさいに、「王制を持たないアメリカ人が、日本の天皇制の性格を理解するには、英国王室との対比がどうしても必要であった」[12]としている。たしかに、クラウンは、大文字ではじまると王の地位や身分を表わすが、普通名詞としては王冠であり、いずれにしても具体的な人ではない。ところが、日本の新憲法では、そこのところがはっきりせず、文面では、具体的な人である天皇を日本国の象徴であるとし、さらに日本国民統合という、抽象的な観念の象徴としている。(天皇の)地位という言葉はあるが、それは(主権の存する)日本国民の総意に基づくとされ、文脈から、象徴とのかかわりは明らかでない。憲法の案文を作ったアメリカ人は、王制をもたなかったとともに、当時、おそらく象徴の語義をよく調べなかったのだろう。

そのように、象徴は、新憲法を制定するにあたって、日本の少なからぬ法学者から法律の条文になじまない用語とみられていた。しかし、現在では、象徴天皇制という言葉や、天皇は日本の象徴であるという認識は、それほど抵抗もなく、広く受け入れられているとみられる。その理由の一つは、象徴であるとされた天皇が、じっさいに、法文上の用語法にかかわりなく、具体的に生きた人でありながら、まさに象徴という非常に強力な、同時に根本的に矛盾をかかえた、曖昧な存在であるからだろう。天皇は、象徴であるから、その存在自体に人を動かす最終的な強制力はない。人が、それぞれの心のなかで、国民を統合するという意味を与えることによって、はじめてそれとして機能するのである。そのことは、みんなのあいだに漂う「気」も同じである。空気になった「気」の、言葉という象徴の働きのために、みんながそれに意味を与えるので、みんなを一つの方向に向けるのである。

天皇については、人が日本国民から自分を除いて、天皇をそれとして名指したとき、それはまさしく象徴になる。空気も、人がみんなから自分を除いて、それを名指したとき、言葉という象徴になる。人は、両者が象徴になったときにはじめて、それらが自分のそとにあるものとして、それらと自分の関係について思うことができる。さもなければ、どちらがどちらとも分からない、自他の区別のない心の世界に生き続ける。空気は、言葉から生まれる表象であるが、天皇は、目に見える形姿やそのあり方から生まれる表象である。天皇に対する日本人の同一化を考えようとするとき、そこに難しさの一つがある。フロイトは、同一化とその対象について考えたとき、モデルとして教会と軍隊という二つの人為的集団をあげたが、共通しているのは、どちらの集団も成員を指導者と仲間に結びつける絆が、統合の基礎になっていることだった。つまり、人はどちらでも、一方では指導者と、もう一方では仲間と想像的に同一化している。そのとき、指導者との同一化では、とくに自我理想が問題になる。すなわち、同一化の対象が自我理想の代わりになると言う。自我理想は、前に述べたように、「一つの特徴」をもった部分対象として、やがて象徴的なものに道を開くモデルであった。指導者は、集団のなかで、そのようなモデルになる。

天皇は、キリストや司令官のようなモデルではない。教会も軍隊も人為的な集団であり、人は、そこに加わるかどうかの選択を迫られはしないが、まったく自由でもない。しかし、日本では、人は、生まれたときから日本人である。そこで、天皇は、指導者のモデルとして、日本で生まれたあらゆる人の同一化の対象になる。和辻が、「天皇は、日本人の全体性を表現する」と言ったのは、その意味だろうし、同じ頃、中国文学者の竹内好は、「日本には、一木一草に天皇制がある」と言った。つまり、日本では、国家という集団を、あたかも自然の生物的現象に喩えてしかるべきほどに、天皇制が人の生きる国土に深く根をおろしているということである。天皇制は、体系的な教義もっているわけではなく、天皇は、人の生命を左右する権力をもっているわけでもない。それでも、教会や軍隊と共通しているのは、指導者が、集団のすべての成員を同じように愛しているという、みんなの思いだろう。フロイトは、その思いを錯覚として、人の集団という現象は、すべてがその錯覚にかかっていると言う。

そうであれば、その錯覚は、対象に向けられる、人の想像的な同一化と密接な関係がある。すなわち、指導者がみんなを平等に愛し、自分もその分け前に与っていると思うのは、人が例外なく自分を愛しているからである。人が自分を愛しているのは、人が自分の形姿をそれとして認めたときから、ずっと体験し続けていることである。人がそのとき認めた形姿は、他者であり、やがて同一化の対象として心に生き続けるものである。それが他者であるのは、ナルシスの神話が語るように、どうすることもできないことで、それと一つになりたいという思いが、ときに自分の身を亡ぼすほどの攻撃性として現われる。しかし、その形姿にほれぼれとして捕われるのは、ラカンが鏡像段階の説で示したように、人としての心の活動の始まりであり、人生の最後まで変わらない現象である。そのように、人が自分を愛するのは、人の根本的な体験であるが、人はそれを他者が自分を愛していると思い込み、そう自分に言い聞かせながら、その他者を対象として同一化するのである。それがフロイトの言う錯覚である。

想像的な同一化は、人がその姿形を他者として認めながら、心のなかではどちらがどちらとも分からない状態にあることで、人と自分のイメージとの関係は、ちょうど一足の靴下とか、一膳の箸のように二つで一組になった、双数的関係と呼ばれるものである。靴下や箸は、二つで一組として使用されるが、じっさいは、それぞれが分離している。人とその形姿の関係も、ちょうどそのようでありながら、人は自分のイメージと一つになろうとしてやまない。そこから、人の心のなかに自己破壊的で、見さかいのない攻撃性が生まれる。また、そこに同一化と愛を比較するときの難しさがある。

いずれにしても、指導者は、みんなを平等に愛し、みんなも指導者を愛していると思っているが、みんなは、それぞれが自分を愛している。その自分は、鏡像としての他者であり、人は、鏡に映った自分の形姿をみんなのだれかに投影して、その同類を他者として愛したり、憎んだり、攻撃したりするのである。しかし、人が自分に対する憎しみをすべてみんなのだれかに向けてしまったら、集団のなかは蜂の巣をつついたように混乱し、まとまりは失われるだろう。そこで、人が集団をなして世界に生きるかぎり、それぞれの自己愛を吸収する第三者が必ず現われ、指導者として集団をまとめる役目をはたすだろう。指導者は、ときに独裁者や絶対的権力者の顔を見せることがあっても、その本質は調停者であり、人の自分と自分の双数的関係を妨げようとする介入者である。

日本人の大勢順応的な行動は、現在主義と言われるが、本章のはじめに述べたように、それは刹那的でも、便宜的でもない。そのつど、愛についての思い込みがあり、同類に対する同一化があって、そのことは一貫している。指導者は、天皇と呼ばれ、みんなと同じ人でありながら、法文が規定している語義をさておいても、象徴とされるのがふさわしいような矛盾をかかえた存在である。つまり、ずっと以前から、そのような存在として役割をはたしてきたのである。その具体的な形姿は、フロイトが例示する強力な厳父とはおよそ似ていない。おそらく、日本のそとにいる人には、まったく違うと映るだろう。日本人は、同じ人でありながら象徴である天皇が、自分たちと同じ感情をもつ人であるのを、ことあるごとに確かめようとし、その証拠を探して、強調している。しかし、じっさいのふるまいやあり方から受けるその姿形は、やはりそとにいる人には、あたかも儀礼するロボットのように映るとしても不思議ではない。それは、まるで人がどれほど人から遠ざかることができるかを試そうとしている実験室に閉じ込められた存在のようである。ここに生きる人は、同じ人であって同じ人でない天皇のあり方に、みんな何ほどかの後ろめたさを感じているはずである。

ともあれ、日本に生きる人の同一化の対象は、集団のなかの「気」に支配されている仲間たちと、象徴である天皇から生まれる。天皇に同一化する日本人は、知らず知らずのうちに人から遠ざかり、儀礼する生きものに近づいていく。それが、日本における象徴的な同一化の根本である。儀礼は、形式的な外見によって表現されるふるまいで、集団のなかにさまざまな効果を生むが、それ自体に意味はない。つまり、それを行なう人が、その人として心のなかの表象を伝えることはない。天皇が行なう象徴としてのふるまいは、もっぱらそのような儀礼であり、内容を欠いている。しかし、日本人にとっては、そのようにふるまう姿が、理想形成の拠りどころである。心のなかに理想を作りあげることによって、他者の攻撃に走ろうとする自己愛を部分的に捨て、社会活動に加わるのである。人は、どこで生きるにしても、象徴そのものになることはできない。理想の自己像は、おそらく象徴である天皇の少しでも近くに進んで、そこに場所をとることだろう。天皇は、みんなが生まれた後では、だれひとりとって代われないところにいるが、空気となって、日本のあらゆる集団のなかに臨在している。いわば、その呼気から、無数の小天皇が国じゅうに送り出されて、人の集団を万遍なく支配している。人は、自分のいる集団のなかで、それぞれの小天皇に同一化し、みんなと一緒に行動するのである。

日本のさまざまな集団の指導者たちは、かくして小天皇であり、天皇の分身たちである。小天皇の姿形は、やはり強力な権力によって集団を率いる指導者や、禁止や命令を与えて成員を服従させる厳父とは似ていない。むしろ、その姿形は、その人としての内容を欠いているので、天皇と同じように、だれでもよい人に近い。しかし、集団をまとめるためには、つねになくてはならぬ存在である。そういう存在は、みんながお互いに攻撃し合うのをやめるように、第三者として集団が求めるみんなの犠牲者であり、その本質は、二〇世紀の後半にルネ・ジラールがみごとに定義した供犠である。「気」という、言葉としての象徴は、人の集団的な現象においては、供犠という象徴になって現われる。それは、みんなのそれぞれの心に根をおろしている破壊的な攻撃性を鎮めて、みんなを一緒にまとめようとする機能の象徴である。日本では、それが確とした内容を窺わせる峻厳な姿形の人ではなく、だれだか分からない人のようになり、ついには空気になったのである。しかし、そのだれだか分からない人は、けっしてだれでもよい人ではない。みんなが一緒であるためには、絶対に必要な人であり、あるいは、その人のいるところは、本質的には人類が共通して設ける場所で、日本では新憲法で、天皇の地位と呼ばれているが、そこはそこにいる人の形姿に関係なく、つねにみんなが必要としている場所である。それが、みんなの犠牲者あるいは供犠という集団的な象徴の一つのあり方であり、しかも必須のあり方である。

みんなの攻撃性を吸収する犠牲者は、日本語で、昔から贄（にえ）と呼ばれている。それは神に供えたり、天皇に献上したりするもののことで、生きたまま捧げられるものは、生贄である。天皇は、捧げる人であると同時に、捧げられる人であり、その人がいる場所は、人類が共通して求めるところであって、もしそこがなかったら、ルネ・ジラールの描く凄惨な地獄の世界が、人の群れの現実の姿となるだろう。しかし、日本人は、ここでその場所にいる天皇その人が、供犠としての捧げものであり、みんなの犠牲者であることを知らなかったし、知ろうともしなかった。けれども、そこからは、日本のあらゆる集団のなかに絶えず空気が送られてくる。そして、日本国の始まりからずっとそこにいる人は、無数の分身とともに空気となって、お互いの暴力を鎮め、みんなを一緒にまとめているのである。

山本七平は、はじめにあげた本のなかで、日本で人が空気に支配されているのは、みんなが空気の「臨在」を実感しているためで、そのことを「臨在感の支配」と言っている。また、人がその支配によって言論や行動を規定される根本には、対象の臨在感的な把握があって、その把握が成り立つためには、「感情移入」が前提にあり、それを絶対化して、感情移入だと考えないほどの状態にならねばならないとしている。すなわち、空気という対象との同一化は、そこでは別の言葉で、感情移入とされている。たしかに、想像的同一化は、人の感情と切っても切れない。それは、人が感情として体験する同一化、あるいは人が味わう、対象と一体だという感情だと言ってもよいほどである。しかし、「気」が変化した空気は、あくまで目に見えない物質であるから、それがどれほど臨在感をもって迫ってこようと、やはり想像的同一化の対象をたどってみれば、人の姿形をしている。それは、みんなのなかの人であり、空気の臨在感は、その対象が空気に支配されているように見えれば、それだけ強まるのである。

人は、同一化によってみんなと同じ人になり、やがて、みんなも自分を同じ人と認めてくれるように、すすんでみんなと同じふるまいをするようになる。人は、とくに想像的な同一化にともなって、みんなが自分を同じ人と認めているかどうかを心のなかで探り、集団の理想像に対する感情を自分の感情として体験しようとする。みんなと同じようにふるまい、同じような感情をもつのは、自分がみんなから人と認められるためには当然のことである。その背後には、人でありたい自分が、みんなから人と言われないときの恐怖がある。日本語には、「人でなし」という言葉があるが、それは倫理や情愛の面で人にふさわしくないふるまいをする者を指している。そう言われる者は、みんなと同じ人ではない。倫理や情愛の面にかぎらず、みんなから同じ人と認められないことへの恐怖は、人がみんなと同じふるまいをする大きな理由になっている。

それゆえ、大勢順応主義や「みなさん御一緒主義」(13)は、そとの力だけによって出現するのではない。人は、対象と同一化しながら、いつも自分の姿を想像しているけれども、それにともなって心のなかに生まれる根強い恐怖感が、人をみんなと同じ行動に向かわせているのである。大勢順応主義は、しばしば人の行動を窮屈にするから、じっさいは、みんなと一緒でいちども自由が束縛されたことはない、と言える人はいないのではなかろうか。そんなとき、人は、一般に人の自由を束縛する力がそとからやってくると想像して、その正体を名指そうとする。広い意味では、「気」もそういう言葉の一つであるし、とくに、それが人と人のあいだに漂う空気ともなれば、いっそう身近な正体とされる。また、それがみんなに強い臨在感を与えるとすれば、みんなを窮屈にする力は、いっそう現実的になる。

そこで、みんなを感情移入によって大勢に従わせる空気の臨在とは、空気という言葉の音声と文字の臨在であり、臨在感とは、その言葉の感覚的な実在が、内容と一つになってしまったときの体験である。そういう体験は、よく「心理的」と形容されるが、それが集団のなかで人々の相互関係を規制する力をもち、同時に集団を大勢に向かわせる力を生むもとでもあるから、十分に「社会的」とも考えられる。そして、その力は、人々のなかに必ず発生する広義の「権力」と呼ばれるのも肯ける。すなわち、言葉の音声と文字に対する人々の反応は、権力が生まれるもとである。ある人は、あるとき、ある集団のなかに生まれる。そこにおける人々の言葉に対する反応から逃れ、免れる人はいない。人々は、そこで言葉を話す。そのとき、人々の関係のなかに働いている力が、権力である。

しかし、権力は、しばしば政治権力の意味で使われる。その言葉が、近代になって日本語として使われるようになって、ずっとそれが目立っているが、もとの西欧語からすれば、むしろ、もっと広い意味の社会関係における力の正体を指すのに使われてしかるべきだろう。ここでふれるのは、いままで述べてきた象徴としての天皇が、終戦までは政治権力の正体とされ、主権を国民に譲り、憲法上は政治権力からはっきり切り離された現在になっても、それが広い意味の権力と、すなわち日本において人の自由に深くかかわる力と無縁であるとは、とうてい言えないからである。とくに、天皇のいる場所は空気の発生源であるとするのが、荒唐な喩えでないとすれば、ずっと昔から、いまも変わりなく天皇の権力について言うのは、まちがいでないだろう。じっさい、「日本には、一木一草に天皇制がある」と言った竹内好は、(天皇制という)日本の国体は、同時に、気体であると言っている。そして、その気体とは、まさしく空気であり、「権力がむき出しの形であれば、それに立ち向かうことはできるが、やんわり空気のように充満しているものに抵抗はできない」(14)と書いている。

国体は、戦前に日本の国家形態を指すのによく使われた用語であるが、今日では、ほとんど使われていない。竹内は、そこにおける権力を、国家権力すなわち政治的な権力の意味で使うと断っているが、その権力の特質が気体であると言う。権力は、その物理的な強制力が直接性を帯びてくるほど、ますますむき出しになったと言われる。国家権力は、ときには直接に人の身体を拘束したり、投獄したり、殺しさえする。だが、天皇が、憲法上は主権の総攬者として、国家権力を一手に握っていた戦前も、日本の国体の本質は、権力がくまなく充満している空気のように、みんなを支配していたところにあると言うのである。終戦後、政治権力は天皇の手を離れて、日本の国体は変化したが、国民統合の象徴になった天皇がはたしている機能の本質は変わらない。そのところは、竹内と、前にあげた和辻とは、同じ考えである。だから、竹内の言う権力も、とくに政治権力とみる必要はない。空気は、みんながいるところに充満して、その行動を支配している。しかも、それは政治権力が直接に介入できないような、人と人のあいだにも充満して、社会関係のすみずみまでを支配している。そのような空気のはたす機能も、やはり権力であり、政治的権力よりもずっとそれらしい権力、つまりいつまでもその本質を変えない権力と言えるかもしれない。

しかし、そういう本質の正体を、みんなのなかで空気になった「気」であると言って、実在する物質を突きとめたつもりになるのは、いわば落とし穴にかかるようなものである。天皇は、日本の国じゅうに空気を送りだしている人だと言って、われわれはその人を具体的な人の姿として表象しようとする。しかし、それは、われわれの目を、権力の機能から逸らせてしまうことであるし、じっさいは、その人のいるところでさえも、どこかにある決まった場所ではない。そこは、どういう外観をとるにしても、集団のみんなが求める場所であるが、日本ではみんなと同じ姿をした、ひたすら儀礼をする人が、そこにいる。儀礼の根本は、お祓いをすることであり、それによって除き去ろうとしているのは、集団の結びつきを妨げるお互いの攻撃性であり、みんなをばらばらにしてしまう破壊的な暴力である。

ここでは、みんなの暴力を吸収し空気を送りだす人が、天皇として象徴の地位に据えられている。みんなは、そこで儀礼する人を真綿でくるむように、十重二十重に保護し、厳重に監視しながら大切に扱っているが、じつは、その人は供犠であり、みんなの暴力の犠牲者である。それは、もともと生命のない、死んだものである象徴を、同類の生きた姿に求めようとする集団にとっては避けることのできないことである。人は、それぞれが人の世界に生きていくのに、象徴的なものによって規定されるのはやむをえないことだが、ここでは、まさしく天皇が象徴として、その地位にある。しかし、みんなは、そこにいる人と想像的に同一化している。たとえ、その人が憲法の条文解釈のうえから国民に含まれないとされても、みんなは同じ姿をしたその人に、自分と区別のない、どちらがどちらとも分からない関係を続けているのである。そして、そのことを正当化するいちばん大きな理由の一つとして、しばしば日本の歴史がもち出される。しかし、それはあくまでも、現在を生きるみんなの想像力の問題である。人の姿をした象徴との想像的同一化によって、みんなは、象徴的なものとともに人を規定している想像的なものの本質を見まいとしているのである。

人が心に豊かな表象を生みだすという圧倒的な能力、すなわち想像力とともに、人の心には欠如が生まれる。人がそれを埋めようとして、目に見える姿としての象徴に頼るのは、それが具体的な知覚によって確かめられ、しかもみんなと一緒にそうできるからである。しかし、そういう象徴は、お互いに想像的同一化を続けるための罠としての象徴であり、それぞれの目をくらますために出現した犠牲者である。それ自体には生命のない象徴との同一化は、人がみんなから自分をひき離すことから生まれる。また、みんなに支配力をふるう空気という実在物から自分をひき離すことから生まれる。空気から逃れて、空気のないところにいたら、人は死んでしまうと言われるかもしれないが、たしかに、人は空気のないところで、いちど死ぬのである。しかし、それは生体としての人の死ではなく、欲動が象徴的なものに向かうさいの試練である。想像的同一化は、人を対象との堂々めぐりの世界に閉じ込める。人は、その試練によって、そこから抜け出すのである。むろん、完全に閉じ込められた状態や、まったく抜け出した状態を考えることはできない。しかし、象徴的同一化は、みんなのそとで、空気のそとで、あるいは歴史のそとで起こると考えられる。想像的同一化を合理化しようとする歴史は、象徴的なものの意味を探ろうとする歴史ではなく、そのいとなみの本質を隠すのに、過去を口実として語っているのである。

Ⅲ　想像的同一化を生みだす「空気」

天皇制は空気であり、空気には抵抗できない。そう語った竹内好にとって、空気とは政治権力であり、それに抵抗できなかったのは、前にあげた論文では、おもに日本の芸術家たちである。しかし、権力は、より広義には、あまねく人と人の関係のなかに働いている力であり、芸術家たちも、特殊な分野の活動に従事している人たちではなく、ここでみんなと同じ精神活動をしている人たちである。日本は、世界史的な区分では、いわゆる近代社会である。そこで「近代社会にあるもので日本にないものは一つもない。近代芸術のもつもので日本の芸術のもたぬものは一つもない。それにもかかわらず、ただ一つのものが欠けている。それは、価値を価値たらしめるもの、意味を付与するものである。つまり、価値の主体である人間が欠けている」(15)。価値を価値たらしめるのは判断であり、判断には意味を付与された言葉が必要である。ところが、日本の近代社会には、意味を荷った言葉が欠けている。あるいは、言葉に意味を付与する主体がいない。竹内にとっては、価値の主体でありうることが、人間のもついちばん人間らしい属性である。天皇制は、そういう人間に支えられることなく、ただ支配する。みんなは、あたかも自然現象に対するかのように、従わざるをえない。しかし、それは、みんなのそとに出ることの恐怖心に根をもっている。そのために、みんなのなかのだれかを名指して、そとに出し、その表象に実在する姿を与えて従う。それは、まさに人為的ないとなみである。

そうしてみると、竹内にとって、天皇制はニーチェがキリスト教について語ったように、「人間に対する最大の異論である」と言えよう。価値の主体は、もちろん芸術家だけではない。竹内は、日本の芸術を取りあげながら、むしろ、天皇制を言葉によって論理的に解明するのに失敗した認識主体に話題の重点を移している。戦後、天皇制と政治的に対決した急先鋒は、日本共産党であった。しかし、その運動も、ここに認識主体が育つきっかけにはならなかった。そのわけは、天皇制が自他を包む場であって、物ではないのに、共産党は、それを自分のそとにある物としてとらえ、じつはそれが自分のなかにあるそとであるのを無視したからである。すなわち、「対象を対象たらしめる認識主体の確立をコースに組み込まないで、ただちに天皇制を物として対象化できると考えたところに共産党の理論の錯誤があった。そのため逆に対象にまき込まれて、打倒すべき天皇制に同質化された」(16)のである。

竹内が日本共産党と天皇制の関係について述べたことは、同一化のしくみをよく伝えている。自他を包む場には、自分もそこにいるので、そこにおける対象は、他人のようにみえる自分の姿であり、とりわけ想像的同一化の対象である。人がそういう対象を前にしたときの反応は、何よりも情動的であるから、それはただちに認識の対象と呼ぶより、情動的反応の対象と呼ぶべきだろう。人が、やがてそれを敬愛しても嫌悪しても、そこにおける対象との関係は変わらない。それに対して、認識の対象は、人が自他を包む場からそとへ出ることによって与えられる。そうして、ちょうど子供が自分を兄弟のなかに入れないでその数を数えたように、数字という象徴によって兄弟という対象と象徴的な関係を結ぶのである。そうして与えられるのが認識の対象であり、それは象徴的同一化によって起こることである。

子供は、自分を含めた兄弟のみんなからそとへ出たからといって、みんなと関係を失ったわけではない。みんなのなかにいて、いつまでも他人を対象にして自分の姿を見ているのは、自分と想像的な、閉じた関係をもち続けることである。そういう関係は、他人と自分の一体化であり、適切には、関係とも呼べないだろう。関係は、人がみんなのそとに出て、対象とまさしく主体的に象徴的な関係をもつことから、それとして生まれる。想像的な関係の対象を自分のそとにある物と見なそうとしても、もともとそれは自分と同質の物である。その関係がもたらすのは、認識ではなく、あくまでも愛や怖れや憎しみのような感情的な体験である。その意味において、象徴的な関係が、対象についての認識をもたらす、真の関係である。

日本共産党は、自他を包む場のそとに出て、すなわち天皇制のそとに出て、それを認識しようとしなかった。そこにいるみんなと同一化しながら、そこに見える何かを物として認識しようとしても、それが自分の姿であるのを忘失しているので、物は認識の対象にならない。みんなと一緒であるかぎり、そこに見えるのはみんなと同じ何かであり、情動的反応の対象である。他人のように見える自分の姿に対する似たものどうしの、出口のない関係は、やがてまわりの人に対する攻撃に行きつく。「二匹の争う猫ほど、よく似たものはない」という、外国の諺があるが、相手のイメージのとりこになった人たちの双数的な関係をよく知らせている。そんなとき、猫が人であれば、相手と争いながら、自分とその相手の違いを大声で強調するだろう。しかし、攻撃を正当化しようとする言葉は、もともと自分が相手と一体になった関係のなかに生きているのを明らかにしない。たとえ、その言葉が高度に理論的な装いを凝らしても、あるいは、その表現が芸術的な形式をとったとしても、同じことである。

自他を包む場にあって、そこにいるみんなに同一化しながら、対象としての自分の姿を物としてとらえても、その場所と対象を認識しようとしている自分との関係に目を向けなければ、自分はいつまでも対象と区別がつかないから、自分がいるその場所で、対象に同質化され、いつまでもいっしょになっているのは当然である。それは、天皇制という自他を包む場にあって、いつまでも想像的同一化のなかに閉じこもっている状態であると、一応は言える。そして、そういう人たちがいる場所は、まさしく想像的共同体である、と。しかし、そういう場所にいても、人は象徴的な行為をすることができるし、また、そうしなくてはならない。人々が、すっかり想像的に閉じていたら、そこには集団も共同体もないだろう。想像的、象徴的という二つの同一化は、もともと始めから終りまで曖昧さのぬけない心の運動過程であり、それが集団的な現象のなかでは、混然と一つになって現われる。けだし、人の象徴的な行為によって支えられていない集団は、ついぞなかったろう。前に儀礼と呼んだのは、日本における、その代表的な行為を指している。

儀礼は、一人でする強迫的な型どおりの行為を指すこともあるが、ここではみんなでする儀礼である。もちろん、それは日本の集団だけでなく、儀礼をしない人の集団は、世界じゅうのどこにもないだろう。しかし、とくに日本について言うのは、空気に支配されてみんなが同じ方向に動く集団では、みんなの行動の特徴をとりわけ儀礼的と呼ぶのがふさわしいと思われるからである。儀礼は、その目的も形式もさまざまだが、「みなさん御一緒主義」の目的は、集団の維持、結束であって、それはあらゆる集団的な儀礼がめざすところでもある。そして、そのための行為の基本的な性格は、お祓いであると言ったが、それは集団のまとまりを乱す原因を取り除こうとするからである。伝統的なお祓いでは、除こうとするものは、災いや穢れや罪などであるが、同一化の面からは、人の心の想像的な働きから生まれる攻撃性であり、それによって引き起こされる暴力である。どの集団も、人のあいだに発生する暴力を、集団の暴力によって防ぐ何らかの装置をもっているが、儀礼は、直接的な暴力によらずに暴力の発生を防ぐ、すぐれて象徴的な行為である。それによって、人の心の攻撃性を和らげ、人と人のあいだに発生する暴力を遠ざけることができる。

儀礼は、そのように、ここでは何よりも「みなさん御一緒主義」の目的にかなうみんなの行為であるが、同一化の面から、とくに集団的儀礼には、もう一つの特徴がある。それは、人がみんなと想像的に同一化したまま、お祓いという象徴的な行為ができることである。また、それがここにおける人の行為の特徴を儀礼的と呼ぶ理由でもあって、ここでは、人がみんなのそとで同一化の対象を象徴界に求めるという試練に出会うことなく、儀礼と集団同調主義に合流することができる。そして、人をそこに向かわせる普遍的な力が、「気」

であり、集団のなかで他人と交わるようになると、それが空気と呼ばれて、その人の行動を説明するのに役立つのである。それゆえ、空気は、みんなのそとにあって、みんなを支配するものを指す決まり文句と言える。空気に支配される大勢順応的な行動を、ことさらに儀礼的と呼ぶのは、あれこれの儀式における決まったしぐさや手順などの形式面からではなく、その言葉を口にすることの常套性と、反復性からであって、それは集団がまとまらなくてはならない場所やときに、いつも唱えられるまじないのような言葉だからである。

一般に、儀礼では、みんなにその目的が意識されるときもあろうが、そうでないときもある。とくに、ここで言う儀礼は、人の攻撃性を鎮め、暴力の発生を防ぐことに注目しているから、それは隠されやすい目的で、むしろ一緒に行動することによって、集団がまとまり、みんなが一体感を高揚させるのが、結果として目に見える。そこで、みんなが一緒に何をするかではなく、みんなで何かを一緒にすることが、行動の形式と目的を同時に実現する方法になっている。儀礼的な行為は、人の感覚に訴えて、とどのつまりは、それで終わる。それが集団をまとめていくためには、つねに感覚に訴え続け、しかも、そのつど新鮮でなくてはならない。それは常套的にくり返されるけれども、それが人の感覚を刺激して、みんなの一体感を高めるためには、いつでも新鮮でなくてはならないのである。したがって、それがみんなに与える意味の効果は、その感覚的な新鮮さに依っていると言える。しかし、人は、そのような意味の効果から、自分が何をしているかを知ることはできない。人がみんなと想像的に同一化しながら、集団の儀礼という象徴的な行為に加わるとき、それは避けられないことである。

結局、人は、その行動を空気のせいにしても、その人の行動を説明したことにはならないのである。人は、みんなと一緒に空気に支配されていると、自分が何をしているかも、さらにはみんなが何をしているかも分からないのである。なぜなら、人はそういうとき、空気という言葉の表象が与える実在感に、すなわち感覚的な効果に、その行動の理由をゆだねるからである。しかし、言葉によって何かを知り、また説明しようとするときは、言葉は単語ではなく、複数の言葉の繋がりによって、その目的に沿った意味の効果をもつ。空気という単語でみんながひとつになると、人はみんなと同一化して、だれがだれだか分からない心の世界に生きるようになる。そのとき、人は、みんなをそとから見ていないから、みんながだれなのか、何をしているのかが分からない。そのことは、みんなのいる集団についても、そのまま言える。みんなが文字どおり一緒であったら、集団は、その集団が何をしているのか分からない。言いかえると、その集団は、みんなが何をしているのかをそとの人に説明することができない。ここで言う儀礼的な行為は、もっぱら人の感覚に訴える行為であり、そのとき発せられる言葉は、つまるところ情動を表出する言葉、感情を伝える言葉である。一方、それは、行為の意味を説明しようとしない行為であり、おそらく、その言葉遣いによっては説明できない行為である。そこで、二つの同一化の機制に目を向けなくてはならないと考えるのである。

精神分析は、人の行為の意味を説明しようとする立場にたっている。それは人に意味の分からない行為か、人が分かろうとしない行為である。しかし、意味が分からないといっても、ある人が「空気だ」と言って、その意味がまったく不明だというのではない。それどころか、日本語を話す集団のなかで、それは大きな役目をはたす言葉である。ただし、それはみんなのなかで、はじめて意味をもつ言葉である。たしかに、それは言葉であるが、ここでは単語と呼ぶのが適当である。なぜなら、言葉には、一語によって意味を喚起する単語として使われるものだけでなく、複数の単語が集まり、それぞれの意味が矛盾しないような語脈を作って、はじめて意味を生むような使われ方もあるからである。言葉が単語として意味をもつのは、とくにみんなと一緒にいる、具体的な場面においてであり、その効果は、みんなの情動的な反応となって現われる。一方、語脈に支えられる言葉は、具体的な場面を離れて、あるいはみんなのそとで意味をもとうとする。むろん、あらゆる人がまったく反応を示さなければ、その言葉は何の役目もはたさないが、みんなのその場における情動的な反応に、言葉の意味を左右されまいとするのである。精神分析が意味を明らかにしようとするのは、まさにそのような使われ方をする言葉である。

空気という単語が意味をもつのは、あらかじめみんなのなかに、想像的同一化の傾向が行き渡っているからであり、それは、どこのまとまりもある集団にも見られることである。ただし、その普遍的な土壌が、ここではとくに大勢順応主義と呼ばれる行動傾向になるのが目立った特徴である。空気は、みんなをそれに向かわせるための合図であり、きまり文句であって、意味がはっきりしないかけ声のような言葉である。それが単語として大きな役目をはたすのは、みんながずっと変わることのない、説明の要らない関係を生きてきたからである。それは、そもそも人の情動的な反応を喚起する言葉であるが、ここでは、それぞれが集団にとって破壊的な想像的同一化を避けて、その言葉の意味を生かそうと、ふだんから儀礼という象徴的な行為に励みながら、いざというときの事態に備えている。しかし、集団のなかにいる人にとって、空気は、いかなる語脈にも支えられていない単語であり続け、その点では、つねに意味が不明である。そんなことはないと言う人がいるかもしれないが、その単語をどれほど自然科学的に細かく解説しても不十分である。ここの空気は、もっぱら人と人のあいだに生きている言葉であって、それを客観的に説明できると主張する人は、とくに集団のなかにあって、儀礼的な行為に熱心な人であろう。

さて、空気が単語として意味の効果を発揮する背景には、すでに「気」について見たような、人と文化の世界が切れ目なく連続しているとする見方がある。「気」が空気として働く文化の世界は、家族から国家までの、さまざまな形態をとった集団という文化の世界である。そこにおいて、空気は、人の想像的な領域と象徴的なものとを、すなわち人と文化とを繋ぐ役目をしているのだが、同時に、そのことによって人と文化の切れ目を隠蔽している。空気の臨在感が支配しているところでは、人が文化の世界に生きていながら、象徴的なものと想像的なものは、人の心のなかで連続したまま、繋がっている。人は、そこにおいて空気に従っている人に同一化しても、空気そのものと一つになることはできない。空気に臨在感を与えているのは、集団内の伝統的な社会・心理的関係なのだが、そのずっと昔からの関係は、空気という単語によって覆い隠され、なかの人がそれを対象化し、分析するのを妨げている。

日本語には、「空気に逆らう」という言い方があるが、そのことからも、空気がみんなと一緒になって同じように行動しなさいという、一律の命令を伝える言葉であるのが分かる。そして、みんなのなかでは、あたかもそれが自然の号令であるかのように響くのである。しかし、それは古くからの慣習という文化が育てたものである。人と文化のあいだには切れ目があり、両者はまったく補完的な関係にあるわけではなく、一つにできるものでもない。「みなさん御一緒主義」は、その一つにできない両者を、空気という言葉の媒介によって一つにしようとする、地域的、時代的な試みだろう。しかし、その試みには、ずっと綻びが伴ってきたし、これからも消えることはないだろう。なぜなら、人と文化は、ともに象徴的な世界から追放されてしまった現実的なものに関わっているからである。そのことが、欲動の概念の背景をなしている、フロイトの二元論のもとである。

現実的なものは、人の想像的な世界と象徴的な世界を徹底的に相対化しないかぎりは、明らかにできないだろう。両者の切れ目は、現実的なものとの関係をぬきにしては考えることができないし、また現実的なものも、両者との関係をぬきにしては説明することができないからである。同一化は、いわば、想像的なものと象徴的なものの境い目を示してくれる。われわれは人の世界に生きているので、現実的な同一化については何も言えないが、人と近い働きをする心をもちながら、言葉を発明しなかったために、象徴的なものの役割が非常に小さいと思われる動物たちは、現実的なもののただなかに生きながら、そこで知覚したものを心の想像する働きによって、驚くほど正確に受けとめ、生存に役立てている。しかし、人にとっては、象徴的なものが、まるでそれだけが現実であるかのように豊かにできているので、それと心の想像する働きを分けて、相対化するのが難しい。ここで相対化というのは、むろん人の意識について言うのだが、それにもまた、言葉という象徴的なものを使わなくてはならない。

これまで、空気という言葉は単語であると、くり返してきた。それというのも、単語は、かけ声や、動物たちもやるような合図に近く、みんなを一定の行動に向かわせるには役立つが、一語の言葉そのものとしては、人とみんなの関係を対象化する手がかりにはならず、かえってそれを失わせてしまうからである。空気は、集団の象徴的な行為に参加を促す合図であるとともに、そこにいる人の同一化の標識である。人は、空気という単語によって具体化されている何かに同一化して、そこに自分の姿を認めようとする。けれども、その単語のもつ意味は、人に情動的な反応を起こさせはするが、言葉としては、なんらの語脈にも支えられていない。それが言葉として意味をもつのは、人が、そのとき、そこのみんなのなかにいるかぎりである。しかし、人の言葉が意味の効果を生むのは、そういう場合だけではない。つまり、人の言葉は、そのとき、そこを離れて、みんなのそとに出ても、意味をもち続けることができる。そして、そのような言葉遣いは、単語にではなく、語脈に支えを求めなくてはならない。それは、人が自分の姿を象徴的同一化によって認めようとするときに起こる、言葉の使用法である。

集団が空気によって支配されているとき、みんなは想像的に同一化したまま、空気に導かれて象徴的世界に向かう。その支配力の強さは、空気の臨在感として、それぞれに体験される。そして、その臨在感は、空気という単語の指すものが、みんなのそとにある物質として実在しているという感情に基づいている。つまり、みんなは単語と実在物が一つになっていると想像していて、単語そのものが実在物として威力を発揮しているのである。しかし、広く、人と言葉との関係は、人と象徴的世界との関係とまったく同じように、人の心の働きから生まれ、それは一般に、意味と呼ばれている。空気という単語から生まれる意味は、もちろんいま言った合図やかけ声だけというのではない。空気については、いわゆる自然科学的な面から詳しく説明し、いくらでも言葉を増やして語ることができるだろうし、それらは、今後も知識として集積されるだろう。しかし、人が言葉によって何を語ろうとしているかをわきにおいたまま、どんどん知識を積み上げても、それらの言葉は、やはり脈絡を欠いた単語の集積のままだろう。

人は、同一化によって、自分がその人でありたいような他人の真似をする。その人は、モデルであり、理想像であり、同一化の対象である。想像的同一化において、自分とその人の関係は、自分が心のなかに描いた表象すなわちその人のイメージと、自分との関係である。しかし、その関係は、自分の心のなかだけにあるもので、人と人のあいだの実際の関係ではない。それは、自分と対象との関係であるようにみえて、自分だけの、他人がいない直接的な関係であって、人と人が社会関係によって生きている場面では、文字どおりに実現されることはない。人と人のじっさいの関係では、必ずひびの入る関係である。そのひび割れは、人が自分で心のなかに生んだ亀裂であり、人の攻撃性のもとである。人は自分と対象のあいだが割かれていることに耐えきれず、その割れ目をふさごうとして発生するのが、そもそもの攻撃性による暴力であり、それはナルシスの神話が語るように、自分を亡ぼすような自殺的な面を併せもっている。

自分の心のなかに生まれる、自他の区別がない、対象との直接的な関係は、閉ざされた関係であり、それを実際に生きようとすれば、自分と他人を破滅に追い込むのは避けられない。そこで、人は、破局からの出口を見つけなくてはならないが、それは人のあらゆる集団がこれまで見いだしてきた、何らかの象徴的な行為による出口である。ここでは、空気が支配する日本の集団において、それは社会的慣習となった儀礼という象徴的な行為である。どうして、とくにそれを儀礼と呼んだかは、すでに述べたが、その常同的な反復性の他に、再びくり返すなら、それがとりわけ「みなさん御一緒主義」という、集団同調的な特徴を示しているからである。儀礼は、そこで何をするかというより、みんなと一緒に何かをすることが眼目となっている。それによって、みんなと一つになり、それが象徴的な意味をもって、集団を維持、存続させるのである。はじめに紹介した本のエピソードにあるように、それがマス・コミの仕事に携わる人たちの集団であろうと、戦艦大和を出撃させた戦争指導者たちの集団であろうと、行動の形態は同じである。そのとき、その場所における大勢に順応することが求められていて、その支配力が空気と呼ばれ、それによって人と人のあいだのひび割れをふさごうとしている。そして、人は、その空気をあたかも実在する物質を知覚するかのように察知し、それが空気の臨在感として体験されるのである。みんなのあいだに、その臨在感が行き渡っているかぎり、想像的同一化は変化の試練に出会うことはないだろう。なぜなら、そのあいだ人は、集団のなかの「気」である空気という言葉そのものに同一化したままでいるからである。人が同一化するのは、もともとは空気に従う理想像としての他人である。しかし、その言葉は、あたかもフロイトの言う対象の特徴の一つとなって、その記憶像が何か内容をそなえて実在すると想像し、感覚的、情動的に反応する。それが、また「臨在感」の意味だろう。

想像的同一化の試練は、人が、みんなのいるところからいちどそとに出て、しかも自分をそもそも死んだものでしかない象徴に託して、それに意味を与えなくてはならないところからくる。そして、その意味は知識が与えるのではなく、これまで異口同音に言われてきたように、人の生命によって与えられ、精神分析は、それを欲望と呼ぶ。すなわち、死んだ象徴に意味を与えるのは、人の想像力に支えられた欲望であり、人は、欲望が象徴に意味を与えるために、みんなのそとに出て、一人にならなくてはならない。そうして、はじめて同一化の対象は、それとして対象化され、みんなも自分も、集団も個人も、何らかの規定をされることになる。
精神分析にとって、欲望するとは意味を生みだそうとすることで、それが治療の実践のなかで思考をすすめていくことである。思考することが、いわば心のなかで文を作っていくことだとすれば、写生文によっても、論述文によってもそれをすることはできる。どちらにとっても、問題は感覚をとおして、両者が混同されることである。観念語を材料にした日本語の論述文は、ややもすると知識を運搬している姿形をとるだけになり、意味にかかわらない。そうなれば、人は日本語の文に、感覚をとおして反応するよりない。しかし、それは写生文でも論述文でもなく、ひたすら慣習に従って、文字を書き写しているのである。

「空気」という文字は、同一化の想像的な面を知らせてくれるが、またそれを隠して、人がひとりにならないように、保護している。それ自体は、言葉という象徴であるが、それが指しているものは何もない。それだけに、いっそう象徴としての機能の大きさだけが、きわだって見えるのかもしれない。それは、ちょうど「天皇」のような、生きた供犠としての象徴に似ている。その意味で、「天皇制は、空気である」は、言いえて妙である。その寸言は日本語を話す人々の集団の統合形態と、およそ言葉を使って生きる動物としての人に共通する心の動きとの関係を、いっそう身近に考えるよう勧めているかのようである。

むすび

本書では、はじめに述べたように、ある個物や場面の状景を具体語を使って描写しようとする文を写生文とし、場面や状景から離れてものごとの一般性を、観念語を使った推理によって説明しようとする文を論述文と呼んだ。この区別は、ぞんざいではあるが「気」について考えていくのに、とても便利であった。とはいえ、具体語は具象的で、観念語は抽象的としてみても、いずれも一般性に、とくに論理的な意味の普遍性に関わりがあるのは共通している。つまり、具体語は、個物のなかに普遍性を探そうとするのに対して、観念語は、個物から離れて、そとに普遍性を探そうとする。また、「気」についてみると、それは具体語とも観念語とも言えない。あるいは、どちらでもある。だから、両語の区別も、そのように曖昧である。にもかかわらず、それらを基本的な材料にした写生文と論述文の区別はどうしても必要だったし、これからも日本語の表現から言葉の意味を探るうえで、そうだろうと思う。

そのわけを考えるために、フロイトが『夢の解釈』からずっと言っている「知覚同一性」と「思考同一性」を、つけ加えておこう。いずれも、表象について言われていることで、表象は感覚から生まれるが、感覚は、アリストテレス以来、つねに真である（錯覚や幻覚のように、知覚について言われることは、また別であるが）。だから、二つの同一性は、ともに真である感覚を土台にしながら、知覚同一性は、もとの感覚から生まれた表象にできるだけ近いものを知覚に結びつけようとし、思考同一性は、そこから離れる。つまり、感覚から離れた表象どうしを結びつけようとする。どうして、とくにそんなことをするかといえば、それは象徴界を代理する言語活動が、人の生きる条件になっているからと言うほかない。いずれも、フロイトが充足体験と呼んだ、もとの表象から生まれた対象によって味わった体験を心のなかに呼び戻そうとしていながら、言語活動の求めに応じて、言葉は具体語と観念語に分かれるのである。そのなかで、知覚同一性は、心のなかに事物表象としてとどまる表象の性質を指し、思考同一性は、言語表象としてお互いにつながりを求める表象の性質を指している。ただし、それらはむろん、人の感覚の根本的な対立から生まれるのではなく、あくまで人が言語活動によって生きるという条件に応えるうえの二面性である。

すべての動物とは言えないが——例えば、ウジやウニは除かれる——アリやハチにも、心的表象は生まれると考えることができる。しかし、人に近いチンパンジーですら、言語活動によって生きているとは言えない。だから表象と言葉は、はっきり区別される。ところで、人の作る文は、言葉がなくては実現しないから、写生文でも論述文でも、表象の少なくとも無視できない部分は言葉になっている。われわれは言葉にならない表象を、それとして話すことはできない。そのさい、具体語は事物表象との親和性が高く、知覚同一性を目指すが、観念語は事物表象から離れて、思考同一性を目指す。どちらも、言葉を使って同一性に向かうところは共通している。しかし、その同一性は実現しない。なぜなら、言葉は象徴界の土台であるが、人は、象徴的なものによって自分の同一性を実現できないからである。もしそれができるとしたら、人はこの世で、フロイトの言う「もの」としての「隣人」を享楽することができるが、それは原理的にできない。実現できたとしたら、それは享楽ではない。

ところが、人という象徴界で生きるのをよぎなくされた動物には、ややもすると、言葉が同一性を実現できるもののように見える。それは、根本的に誤った見立てであるが、それによって同一性を実現しようとする動きが、人の同一化を形成する。つまり、同一化には、対象となる何かによって人の同一性が実現できそうだという基盤がある。そして、そうした共通する誤診にもとづいている同一化には、二つの種類があった。そのうちの一つが、象徴界のなかから対象を見つけて同一性を実現しようとする同一化である。人は、その対象が生みだす欲望によって象徴界にとどまり、それによって享楽から離れて生き延びようとする。欲望は、そのさいに享楽の危険に対す防禦壁となり、その対象は、いつも人の心に何かとして働いている。

ここでもういちど、つねに真である感覚にもどってみよう。アリストテレスは、人の心の動きについて、感覚はつねに真であるが、思考はつねに誤りうると書いていた(1)。それは、今日の精神分析の見方とまったく同じである。感覚と思考のあいだには両者と区別される表象があり、人の心に生まれる表象は、ときに話しの材料となる言葉になる。そのさいに、つねに真である感覚をたよりに、もっぱら個物のありさまや状景を描写しようとする写生文と、つねに誤る可能性のある思考をたよりに、推理によって事物の一般的な筋道を説明しようとする論述文とができる。どちらも言葉を使うのはもちろんだが、描写は、できるかぎり知覚同一性を実現しようとするので、写生文では、言葉そのものが事物表象と親和性をもっている。一方、推理が目指しているのは思考同一性であり、こちらは事物表象から距離をとろうとするので、論述文では、その本当らしさを言葉のつながりに託していると言ってもよいだろう。いずれにせよ、文を作るのも、それを読むのも、文字や音声のような間接的な手段による迂回である。しかも、その迂回によって、人と「もの」の同一性が実現するわけではない。

意味は、言葉と言葉のあいだから生まれる。そう言うと少し舌足らずで、誤解されるかもしれないが、ともかく意味が生まれるためには、心のなかで言葉と表象が結ばれ、そのときに、どういう形をとるにせよ、人は両者の関係を解釈しなければならない。意味が、言葉と言葉のあいだから生まれるとは、言いかえると、言葉は一語だけで意味をもつわけではないということである。精神分析は、人の心の動きについて、話された言葉のつながりから、推理によって一般的な法則を探ろうとするので、とくにその見方をとるのである。

しかし、言葉と意味についてのそういう見方は、自明的でも、一般的でもない。とくに、言葉とその意味の関係が、いわゆる素朴実在論の立場からする見方に合流した場合は、そうではない。事物は、そこでは端的に実在していて、表象や意識が、それ以上に入り込む余地がない。つまり、心に与えられるものや現われるものについて、分析することができない。言いかえれば、言葉になった表象を分析することができない。すなわち、言葉と意味の関係を一般的に論述することや、言葉と言葉のあいだから意味が生まれてくる過程を推理することができないのである。そういうことは、いわゆる素朴実在論的な立場の難点とも見られようが、それには理由がないわけではなく、また通常の、広く行きわたった見方とさえ言える。それをあえて翻訳語の表現で、矛盾した言い方をすれば、唯名論的な実在論であり、言葉は一語だけでも意味をもち、それがあまねく現実に存在しているという基本的な見方になる。すなわち、そこからは個々の事物が、一般性からはなれ、それのみで実在し、それを指す言葉が、それ自体とぴったり一致するという考えがうかがえる。

本書では、日本語で心の動きを伝える「気」の慣用表現から、言葉についてのそういう見方を認めてきた。「気」は、究極の実在として万物を生成させるが、同時に、その普遍性をはなれて個々のあらゆる事物に働いている。つまり個々の事物のどれもが、そのつど普遍的である。それは自立的、単独的に活動するので、その言葉によって心の動きを分析することはできない。すなわち、それを使った表現は、きまって心の動きを描写する写生文となり、推理する論述文を作ることはできないのである。

一般に、言葉の表象が解釈によって具体的な姿形からはなれたとき、その意識内容を観念と言うことがある。そのとき、例えば「馬」の観念は、馬ではない。馬に乗ったり、所有したりするためには、観念ではなく、何か物質的なものが干渉しなくてはならない。同じように、「気」の観念について言うことはできる。しかし、それは日本語において、たまたま漢字によって観念が作られたのである。その観念は、漢字に接することで作られた。

接したときの感覚には誤りがなく、それを受容することになったが、それについての思考は、意味をなおざりにするか、作りかえることはふつうにありうる。そのあいだに、文字としての漢字だけが、感覚的な対象としてあり続ける。感覚そのものは、誤りなく、それを受容し続けるが、思考は、感覚のなかに溶解してしまう。日本語に受容された何と多くの漢字が、そういう運命をたどっていることだろう。そのことは、表意文字としての漢字の内容に関する知識がいくら増えても、根本的に同じでありうる。日常の日本語で、これほど広く、親しく用いられている「気」にしても、そういう運命を免れていない。

「心」についてては、どうだろうか。その漢字は、「シン」と音読みされる以前に、「こころ」と発音される日本語があった。だから、その漢字と出会う前に、当然、日本語にはそれについての観念があったろう。しかし、日本語のなかで、その後に多くの漢字と結合し、また、それと前後に結合して一語になった漢字を受容しながら、音読みの「シン」と訓読みの「こころ」のあいだに、微妙な関係や使い分けが生まれることになった。

「気」との関係についてみると、両語は、お互いに交換のできる慣用的な表現もかなりあるが、けっしてできない表現もある。また、「気」と「心」は、「気心」「心気」とお互いに前後を問わず結合する。前者は、日本語で、「ある人にもともと備わっている性質や考え方」とされ、後者は、「心持、気持」などの他に「心がくさくさして、気がめること」などとされている。また、日本語には「心気症」のような、西欧語からの翻訳語で用いられる例もあるが、だいたい、どちらも二字の単語として心の動きを描写するのに使われていると言えよう。しかし、二つの独立した文字が結ばれて一つの言葉になったどちらからも、二字の関係や、意味の違いを探ることはできない。それもまた、写生文における、言葉の独立性と唯一性を映し出すのに役立つことになるのかもしれない。すぐれた写生文は、他の言葉にはおき代えられない言葉のどんずまり性を求めて、文を作ろうとする。「花」や「月」は、たいていは陳腐な紋切り型の表現を助けているにしても、そのつど一回かぎりの自立した言葉と目されて、疑われないことはありうる。「気」や「心」が、心の動きを描写する表現のなかで、それに近い働きをしていると言っても、あながち見当はずれではないと考える。

すぐれた写生文とは、そのように、ある言葉を他の言葉ではおき代えがきかないまでに、個別的に使用してできた表現である。言葉は何かの代わりをする。何かの代わりをするものは、広く記号と呼ばれ、言葉もその一つであるが、たんなる記号ではなく、記号のなかの象徴と呼ばれる。記号に関しては、動物たちのそれについても大いに語ることができるが、人の使う言葉が象徴と呼ばれるのは、それが人の心に生まれる表象と必然的に関わりをもつからである。しかし、だからといって言葉がすべての代わりになれるわけではなく、何でも言えるわけではない。言えるのは、現実界を排除した人の世界で働く象徴的なものについてだけであり、フロイトの「隣人」やラカンの「もの」のような、象徴界のそとを思わせるものについては、何も言えない。どんな言葉も「隣人」や「もの」を指しているわけではなく、言葉は、本当に言えないものに代わることはできない。そこで、言葉とそれに対応するものとの関係が、人にとって避けることのできない論題になるのである。

象徴的なものは、たんに言語活動の支えとなって働いているだけでなく、人の世界の社会的な現象のなかに広く働いている。最終章では、人と人のあいだにただよい、みんなの行動を支配している「気」を「空気」として、集団心理の説明を試みた。しかし、大仰なタイトルにもかかわらず、とうてい十分に論じられたとは思えず、内容自体も、それまでの章とは趣が違っているようで、補章のようになってしまった。今後、さらに展開されなくてはならないと考えている。どの国語をとっても、じっさいの言語活動は、土台となる社会的形成物として実践されているので、それと他の社会的事実とは、けっして切り離すことはできない。しかし、集団の伝統的慣習や宗教、政治のような社会的事実を、かりに言語活動と分けてみると、象徴界における二つの象徴体系が、相携えて一つの共同体を支えているとみることができよう。

日本語の「空気」は、しばしば大勢順応主義とか集団同調主義と呼ばれる、社会の統合に向かう基盤として働いているような「気」を指している。それは本文でもふれた山本七平の言葉によれば、「気」という物質から何らかの心理的、宗教的な影響を受けていることで、「気」という物質の背後に何かが臨在していると感じ、知らず知らずのうちにその何かの影響を受けるという状態である。その指摘は、たしかに日本語の言語活動と集団的統合とのつながりを知らせてくれる。もちろん、そこの「気」という物質は、自然界の物質ではなく、現実的な物質でもない。言うまでもなく、象徴化された言葉である。そして、知らず知らずのうちに、その心理的な影響を受けるというのは、人の心に生じる同一化の問題であって、「気」という言葉の実質が物質化されて働いているわけではない。同一化は、人に近いどんな動物からも、その行動からたやすく想像できるような心の動きである。しかし、かえってそこに人の同一化の難しさがある。われわれは動物たちの心と行動について、極端には、種に固有な生得的反応を別として、それらは現実界と想像界によって規定されていると言うこともできる。しかし、人は象徴界に閉じ込められ、そこに想像界が干渉して、同一化を複雑にするのである。

人の集団のなかに、象徴的なものが社会的事実となって現われるとき、それは本質的に供犠となる可能性をもっていると言ってよい。人は、だれも欲望の対象を、それとして名指すことはできない。供犠は、そうした一人一人の集まりであるみんなの欲望の対象の代わりとなって、みんなを抑え、一人一人を集団のなかにとどまらせる。宗教や政治の領域では、そのことは見やすいだろう。供犠は、みんなからそのつど身代わりとして新たに選ばれようと、たんにくり返される儀礼のなかに登場しようと、ともかく象徴的なものの姿形として、集団のなかのだれからも見えなくてはならない。それは、みんなから石投げの刑によって殺害されようと、宮殿のなかで手厚く保護されようと、欲望の対象の社会的な身代わりとして、その制度化された役目の本質は変わらない。人の同一化を、供犠の社会的事実につなげるときの難しさの一つは、人が供犠と同一化しながら、同時に自分とそれを区別しようとするところにある。

言葉も、象徴的なものとして、また何かの身代わりとして供犠としての本質を、他の象徴的なものと同じくしていると言えようが、伝統的慣習や宗教や政治のような社会的事実と分けた方が分かりやすい。象徴的なものは、社会的事実として、つねに供犠でありうる性質をもっている。象徴の社会的本質は供犠である、と言ってもよい。たまたま、日本では現憲法において、天皇は象徴であるとされている。たしかに、わが国に文字が伝えられて、記録としての「歴史」が始まって以来、この国にはずっと天皇がいた。日本語では、天皇も象徴も翻訳語であるが、天皇の方は、文字が伝えられる以前から「おほきみ」や「すめらみこと」という、それにあたる人を指す音声があった。しかし、学者は、その呼び名を「天皇」という漢字に翻訳したのは誤りだと言っている。それはもともと中国語で王や皇帝のような人を指すわけではなく、占星術における北極星のような星を指していたらしい。だから、わが国にはみんなのなかに「おほきみ」などと呼ばれる具体的な、生きた人がいたという事実はあったが、みんなにそれがだれであるかの意識はなかった。そこで、「(翻訳語としての)天皇の観念は深く顧慮せられなかったろう」[2]とされるのである。

一方、現憲法で天皇を規定している象徴についてはどうだろうか。この新しい翻訳語について、その後、日本語でどれほどの論述がなされてきたかは、今もってはっきりしない。そこで、精神分析の同一化の概念にほんの手がかりを求めたが、すると、みんなは天皇という、象徴界に属する具体的な存在者でありながら、みんなとは区別される人に同一化して、同時にみんなと一緒でありたいという、まことに当然な人の心の動きが浮かんでくる。それというのも、二つの同一化があって、両者は人の心のなかで、どうしても一つにならないからである。そこで、天皇制は、二つの同一化のディレンマを天皇という供犠を維持することで和らげ、防衛しようとする試みがじっさいの形をとった社会的装置ということになる。言いかえると、その装置は、天皇との同一化によって象徴界と想像界の関係を調整しようとするみんなの試みが、天皇制という、一般的な王制の一形態によってじっさいの社会的事実になったものである。

天皇は、ずっとみんなの同一化の対象とされつづけてきた社会的な象徴であったので、それぞれの人がいる小さな社会集団に無数の分身を送り込んできた。かれらがしばしば親分とか親方と呼ばれることからも推測できるように、日本の社会集団における人と人の関係は、親子関係を擬することが多い。そこでは、天皇の分身である親分が、きまって母親に似た存在である。もちろん、本当に近親相姦の対象としての母親にはなれないが、母親のような顔をしていなくてはならない。そういう親分に同一化しながら、だれもが女性に近づく。つまり、親子関係ではだれもが子供であり、社会関係では女性であって、日本語を話す人には、これまでのところ大人と男性はいない。象徴界にあって、同時に想像界にとどまろうとする社会的な試みが、ここでは、人の心の動きにそういう結果をもたらしたようにみえる。

空気となった「気」は、そういう試みが、人のそとにある物質からの働きかけであるとする見方を助けている。心のなかに生まれる表象の動きを、そとからのいかんともしがたい物質的な力によるものとみなすのである。そこにかかわっているのは、言葉である。あるいは、みんなの想像的世界のなかで物質化された言葉である。言葉が、けっして誤らない感覚をとおして物質となり、それ自体として力をもった実在になる。そして、いたるところにあって、あらゆる個物に力をふるう。本書では、そういう見方の背景をなす考えをアニミズムと呼んだが、同時に、そこにはそれぞれの人がみんなから、あれはみんなと同じ人ではないとされることへの怖れという、当然の心の動きがある。とくに、「気」が空気となって人々を支配しようとする環境では、自分がみんなと区別されて、一緒にいられなくなるのは、そこの歴史的、地勢的な条件から、すぐに生きていかれないことにつながる。ここにも、集団と心理学を結んで考えてみたい課題があるようだ。

最後に、またくり返しになるが、そういうことを探ろうとして集団心理学などと大げさに言ってみたが、日本語を話す人の心の動きと社会的事実のつながりについては、まだ手探りの状態で、これから通路を見つけていかなくてはならない。

注

第一章

（1）『時代別、国語大辞典、上代編』（三省堂、一九六七年）、参照。
（2）佐藤喜代治『一語の辞典・「気」』（三省堂、一九九六年、六頁）。
（3）『学研、新漢和大辞典』（学習研究社、二〇〇五年、九六三頁）。
（4）中井正一『増補、美学的空間』（新泉社、一九八二年）、参照。
（5）小野沢、福永、山井、編『気の思想』（東京大学出版会、一九七八年、八二頁）。
（6）『老子』（岩波文庫、七三頁）。
（7）中井正一、前掲書、二九一頁。

第二章

（1）例えば、精神科医の土居健郎は、次のように書いている、「気は自発的なものである。そして気は人間の内部から発する。気は心理現象であるが、その根は深くかつ暗い生物学的本質に発している。気は現実知覚や現実認識とは別の心理作用であって、むしろ人間の欲動の働きを示す。言い換えれば、本能衝動も依存欲求も気の概念のなかに包摂することができる。それればかりではない。日本語における『気』の使い方をみると、人間のあらゆる精神活動のなかに気は働いており、したがってまた、あらゆる精神活動が欲動的なものを含んでいることを暗示している」（『日本人の心理』、創元医学新書、一九六七年、二〇二頁）。

（2）フロイト「科学的心理学草稿」（邦訳、『フロイト著作集』7、人文書院、一九七四年、二六六頁）。また、ラカンは、のちに、それをたんに「もの」と呼んで理論上の役割を明らかにしている。

第三章

（1）相良亨『一語の辞典・「こころ」』（三省堂、一九九五年、一六頁）。以下の本章では、いちいち箇所は示さないが、本書をずっと参照させていただいた。

（2）白川静『字訓』（平凡社、一九八七年、三三三頁）。

（3）佐藤仁、訳、解題『朱子学の基本用語―北渓字義訳解―』（研文出版、一九九六年、七六頁）。

（4）同書、六一頁。

（5）同書、一五九頁。

（6）アリストテレス『心とは何か』（邦訳、講談社、学術文庫、一五〇頁）。

（7）アリストテレスは、次のように書いている、「感覚はつねに現実にあらわれている。しかし、心的表象はそうではない。また、両者が現実態において同じものであるならば、すべての動物に心的表象がそなわりうるだろう。しかし、そうではないように思われる。たたえば、アリやハチにはあるだろうが、ウジにはないであろう」（同書、一五二頁）。

（8）『新潮日本古典集成』（新潮社）より。

（9）この辺りのことを述べているアリストテレスの一節をあげておこう、「心的表象は感覚とも思考とも異なる。心的表象は感覚なしには生じないし、心的表象なしに判断をもつことはない。しかし、心的表象が思惟や思うことでないということもまた明らかである。心的表象のほうは、望めば私たちのもとに生まれる心的情態であるのに対し、思いをもつことは私たちの意のままになることではないからである。そのときには、かならず偽を思うか、真を思うかのいずれかでなければならない」（同書、一五一頁）。

第四章

（1）　土居健郎『甘えの構造』（弘文堂、一九七一年、一一五頁）。なお、精神分析理論との関連から、土居は引用文に次のような前置きをしている、「『気の病』とは気で気を病むことであり、気の快楽志向性が妨げられ、気がままならぬ状態である。いいかえれば、気の働きには主観的自由の意識が伴うが、『気の病』の場合にはこの意識が欠落する。次に『気ちがい』とは気の快楽志向性そのものに狂いが生じた場合である。要するに気が変になり、時に気が全くなくなったと見られることである」（同書、同頁）。

（2）　木村敏『人と人との間』（弘文堂、一九七二年、一七八頁）。この結論にいたるまでの部分を、少し長いがあげておこう、「或る人が気が違っているとか気が狂っているとかいう表現は、この人を相手にしている人の側に感じとられる一種不可解な印象を言い表わしたものである。この場合の『気』は、このような言い回しをしている本人の気としてではなく、相手の、つまり精神病者の気として言われるわけであるけれども、それが患者個人の内部にあるものを指しているのではなく、患者とその周囲、つまりこの場合には患者に接する人との間の雰囲気的なものを指しているということに変わりはない。『気が違った』『気が狂った』というのは、二人の人が接したときに通常その間にかもし出されるはずの、自然な、あたりまえの雰囲気がかもし出されず、どこか不自然で不可解な雰囲気がそれに代わってかもし出されていることを指して言われることである。この不自然さがまだしも大した程度でない時には、『気が変だ』と言われ、時には、『あの人と話していると、こちらまで気がへんになる』と言われる。この不自然さ、不可解さが極端になった場合に、『気が違った』とか『狂った』とか言われることになるのである」（同書、一七七頁）。

（3）フロイトの「象徴、Die Symbolik」は、女性名詞（形容詞は、symboliche）。ラカンの「象徴界、le symbolique」は、形容詞を名詞化した男性名詞。

（4）佐々木宏幹『シャーマニズム』（中央公論社、一九八〇年、一八一頁）。

（5）例えば、三上章『日本語の論理』（くろしお出版、一九六三年、四九頁）。

（6）阿倍宵人『俳句』（講談社、学術文庫、一一四頁以下参照）。

第五章

（1）中井正一「言語は生きている」（『増補・美学的空間』、新泉社、一九八二年、収録）。

（2）白川静『字統』（平凡社、一九八四年、六六〇頁）。

（3）中井は、こう書いている、「『きつかい』（という言葉）は、すでに判然と個人の意識を反省している。その反省意識が自らうごくものであること、この動きを主宰し用い、駆使するものは自我であることを明瞭に示すところの言葉である。この自我の意識の内面を反省し、近代的意味に於ける『意識』の出現を証するに足る言葉が、日本言語史上で室町時代に至るまで記録がなかったと云うこと、『気を使う』と云った私達にとって普通である言葉が、未だかつてなかったと云うことは、深く考えれば驚くに足ることである」（前掲書、二八六頁）。

（4）この言葉（méconnaissance）は、精神分析で使用されると（ラカン）、ことば遊びで、「私を知る（me connaitre）」の意味が懸けられている。すなわち、「人は、つねに自分を誤認によって知る」と。

第六章

（1）加藤周一『日本文化における時間と空間』（岩波書店、二〇〇七年、一二六頁以下、参照。現在主義は、instantisme。後の大勢順応主義は、conformisme）。

（2）山本七平『「空気」の研究』（文藝春秋社、一九八三年、一六頁）。

（3）フロイト「集団心理学と自我分析」（岩波書店、フロイト全集17、収録。とくに「Ⅶ　同一化」の章を参照。）

（4）美濃部達吉『新憲法逐条解説』（有斐閣、一九四七年、一九頁）。

（5）和辻哲郎「国民統合の象徴」（岩波書店、和辻哲郎全集、第十四巻、三八三頁）。

（6）同書、三六五頁。

（7）鵜飼信成『憲法』（岩波書店、一九五六年、二七五頁）。

（8）佐々木惣一『憲法学論文集、2』（有斐閣、一九四七年、二三二―二三三頁）。

（9）和辻哲郎、前掲書、三八二頁。

（10）佐々木惣一、前掲書、二八〇頁。

（11）バジョット『イギリス憲政論』（邦訳、中央公論社、世界の名著60、一九七〇年、一〇〇頁）。

（12）中村政則『象徴天皇制への道』（岩波新書、一九八九年、一七八頁）。

（13）「みなさん御一緒主義」も、はじめの加藤周一の著書から借用した。そこでは、詩人の中原中也が一九三七年に発表した「春日狂想」から、「ハイ、ではみなさん、ハイ、ご一緒に――」という一節をとって、それと社会学者のいわゆるtogetherness（すなわち「みなさん御一緒主義（togetherism）」とでも言うべきか）を懸けている。以下に、加藤の説明を数行あげておく、「要するに『ご一緒』が重要なので、何をするかが重要ではない社会、その社会の『私』を無くして集団に奉仕するのを美しいとする美学。その美学は、集団の目的を問わない。故に二〇世紀の日本において幕末維新を回想した『日本人』にとっての英雄は、幕府を倒そうとして戦った『志士』たちであると同時に、幕府に雇われてその志士たちを暗殺したテロリスト集団『新撰組』でもあった。誠心誠意行えば、何を行ってもよろしい、いや、そもそも何を行うかはその時の、現在の、大勢に従えばよろしい。」（同書、一二四頁）。

(14) 竹内好「権力と芸術」（『新編・日本イデオロギィ』、筑摩書房、一九六六年、三七九頁）。

(15) 同書、三八四頁。

(16) 同書、三七八頁。

むすび

（1）第三章、注（6）参照。

（2）津田左右吉「天皇考」（岩波書店、「津田左右吉全集」第三巻、四九〇頁）

あとがき

「気」という、中国語を起源とする外来語（音声と文字）は、それ自体が日本語のなかで感覚の対象になっている。本書は、その見方から、そのことを考えていくのが、すなわち「気」を精神分析することにつながるとしている。

人の精神活動をとりあげるさいに、感覚は思考と、感覚的は知的と分けられたが（「はじめに」）、すでにそういう分類に利用される感覚（アイステシス）という語そのものが、遠くギリシア人によって意識的に取りあげられ、やがて今の日本語として使われるようになった翻訳語である。つまり、もともと人の心の動きとして全体的に体験される何かを、いくつかの要素に分類しようとする意図から、その語が使われるようになった。精神分析も、そういう起源を、そのまま受け継いでいる。

思考や知的は、思弁や抽象的を、あるいは観念や概念的を連想させるが、どれも翻訳語で、本書でも分類のために使っている。人の精神活動のなかで、そういう面は、もちろん感覚と無関係ではなく、密接に関係している。だから、言葉の音声や文字を感覚の対象にしたといっても、日本語で「気」を思考の対象にしなかったというのではない。また、それについては中国で、大昔から考えられ、内包する意味は、だいたい確定しているとみてよいだろう。日本語は、その「気」を利用して、日常の表現を豊かに広げていったのである。それを感覚的というのは、現象面からみると、心の動きを考えるさいに、それを他の言葉との関係において論述することがなかった。そういう追究をわきにおいて、ひたすら表現の機微をうがつことに向かっている。そのことを、日本語では、精神活動にかかわる「気」という言葉も感覚の対象にとどまっている、というのである。

そのことについて、ドイツの哲学者ハイデッガーが、一九五四年に、日本のある独文学者と交わした興味ぶかい対話の報告がある。彼は、独文学者が日本文化の特質をとりわけ感性的であり、抽象的な思弁や概念の把握には弱く、それに対する動機もうすい、しかし、そのうえでさらに感覚を越えたものを追究しようとすると言ったのに対して、プラトンの哲学を例にあげて、それを形而上学的と呼び、こう答えている「プラトンのイデアも、感覚をとおして形而上学的なのです。しかし、そこでは、層が（感覚と思弁の）二つに分かれています。日本の場合は、より一体となっている感じですね」。私が、ずっと以前に、この対話が哲学者自身の著書（『ことばについての対話』）になったのを読んで驚いたのは、した問いだった。

彼が冒頭から「日本の人」に、「あなたがたは概念を必要とされるのですか」と言って出

概念は、もともと言葉の意味を前提にしており、意味という観念に対応するまとまりをもった言葉の内容を指している。「日本の人」は、「おそらくそうでしょう」と答え、その理由を話したが、そこを引用して思い出してみたい。「日本の人『というのは、ヨーロッパ的思考との出会いが行われてから、われわれのことばにおけるある非力さが明るみに出たからです。』、問う人『その非力さとは、どういうものでしょう。』、日本の人『日本語には、もろもろの対象を明確に秩序づけて、それらの相互の間のもろもろの関係を表象すべき、限定する力が欠けております。』、問う人『そういう非力を、あなたはほんとうにあなたがたのことばの欠陥とお考えでしょうか。』、日本の人『地球上のあらゆる地域において進みつつある現代の技術化と工業化に際会しては、そのことはもはや回避できないように思われます』」。

「日本の人」の答えは、一般的には妥当で、抵抗なく首肯されそうである。しかし、ハイデッガーが冒頭に出した問いには、まだ十分に答えていないと思う。それから半世紀以上たつが、少し誇張して言えば、彼の問いに対する答えは、ここでまだ見つかっていない。人の精神活動は、言葉によって感覚と思弁の二つの層に分かれる。しかし、対象の関係を

明らかにしようとする思弁が目指す言葉遣いは、技術化や工業化にともなって、自然に育ち、実現するものではない。精神分析も、感覚をとおしてそのような思弁に向かうきわめて人為的な試みである。それゆえに「日本の人」が言うような、ともすれば表象の感覚的な再現力を研ぎ澄まし、それに閉じこもろうとする言葉遣いについては、そのこと自体について思弁することが、精神分析につながるのである。

「気」は、言語構造の異なる中国語の文字が伝えられて、ここで音読みされ、そのまま日本語で人の精神活動を伝える表現の要素として使われ、大活躍をしている。そのことは、人の心が文字に対してもつ関係を広く考えていくための示唆に富んだ例にちがいない。「あとがき」をかりて、はじめから言いたかったことをまた書いてしまったが、私がずっと気にかけてきたところを汲んで、お許し願いたい。

最後になってしまったが、本書を出版するにあたってお世話になった船橋純一郎氏と、せりか書房の方々に深く感謝の意を表したいと思う。

二〇一〇年一二月二四日

佐々木孝次

著者紹介

佐々木孝次（ささき　たかつぐ）

1938年、東京に生まれる。早稲田大学文学部卒業後、パリ大学精神分析課程に学び、コーズ・フロイディエンヌ（ラカン派）正会員となる。1993年まで信州大学教養部教授。2009年まで専修大学文学部教授。

【著書】『母親・父親・掟』(せりか書房、1979年)、『愛することと愛させること』(弘文堂、1981年)、『父親とは何か』(講談社、1982年)、『ラカンの世界』(弘文堂、1984年)、『母親と日本人』(文藝春秋、1985年)、『幻影のディスクール』(福武書店、1986年)、『甦るフロイト思想』(講談社、1987年)、『三熊野幻想』(せりか書房、1989年)、『蟲物としての言葉』(有斐閣、1989年)、『祖霊という装置』(青土社、1992年)、『エディプス・コンプレックスから模倣の欲望へ』(情況出版、1996年)、『文字と見かけの国――バルトとラカンの「日本」』(太陽出版、2007年) 他。
【訳書】M. ボナパルト『クロノス・エロス・タナトス』(せりか書房、1968年)、同『女性と性』(弘文堂、1970年)、G. ロゾラート『精神分析における象徴界』(法政大学出版局、1980年)、J. ラカン『エクリ』Ⅰ－Ⅲ(共訳、弘文堂、1972-1981年)、P. コフマン『フロイト&ラカン事典』(監訳、弘文堂、1997年)、J. ラカン『無意識の形成物』上・下(共訳、岩波書店、2005-2006年)、他。

「気」の精神分析

2011年2月15日　第1刷発行

著　者　佐々木孝次
発行者　船橋純一郎
発行所　株式会社 せりか書房
　　　　東京都千代田区猿楽町 1-3-11 大津ビル 1F
　　　　電話 03-3291-4676　振替 00150-6-143601　http://www.serica.co.jp
印　刷　信毎書籍印刷株式会社
装　幀　川畑直道

ISBN978-4-7967-0301-7